山东社会科学院出版资助项目

绿色金融支持国家重大区域发展战略研究

王韧 著

中国社会科学出版社

图书在版编目（CIP）数据

绿色金融支持国家重大区域发展战略研究/王韧著.—北京：中国社会科学出版社，2020.12

ISBN 978-7-5203-7524-5

Ⅰ.①绿…　Ⅱ.①王…　Ⅲ.①区域经济发展—金融支持—研究—中国　Ⅳ.①F127

中国版本图书馆CIP数据核字(2020)第237848号

出 版 人　赵剑英
责任编辑　李庆红
责任校对　王佳玉
责任印制　王　超

出　　版　中国社会科学出版社
社　　址　北京鼓楼西大街甲158号
邮　　编　100720
网　　址　http://www.csspw.cn
发 行 部　010-84083685
门 市 部　010-84029450
经　　销　新华书店及其他书店

印　　刷　北京君升印刷有限公司
装　　订　廊坊市广阳区广增装订厂
版　　次　2020年12月第1版
印　　次　2020年12月第1次印刷

开　　本　710×1000　1/16
印　　张　8.75
插　　页　2
字　　数　126千字
定　　价　49.00元

序

在工作和生活中，我一直觉得王韧博士是一个喜欢开门见山的人，是一个言之有度、言之有物的人。收到他寄来的书稿《绿色金融支持国家重大区域发展战略研究》，我第一时间认真读了一遍，一如既往，书如其人，还是这种感觉。

王韧博士在山东社会科学院从事金融领域的智库研究工作，兼顾理论、政策、金融等方面的研究，对一些新政策、新问题、新动向把握较准，他参与起草的多项研究报告得到省委主要领导的重视和批示。可以说，他的文字材料能够体现出“用新眼光解决新问题”的专业见解，所以我无论是在上海参与的“面向2050年的上海全球城市综合承载力研究”，还是在山东参与的金融业“十三五”规划，都会请王博士出些“干货妙招”。

绿色金融是一种新金融业态，特别是在党的十八大之后绿色发展的大背景下，绿色金融在环境治理、生态保护、产业绿色转型、绿色城市建设等方面发挥了重要作用。有一次我给王韧博士发微信，想了解一下绿色金融到底在国内研究情况如何，他的回答让我有些意外。他说，国内学者关于绿色金融的研究并不是很多，客观来讲，学术界关于绿色金融的研究比较散、比较空，实务界以兴业银行为代表，对绿色金融的推动与发展以及学术研究做出了贡献。此后的一些事实印证了这一观点，我们高校基于绿色金融的研究与现实还是有些脱节的，很少将绿色金融与国内重大现实问题相结合。我们经常提“金融要回归本源，金融要支持实体经济”，那么支持国家重大战略就是支持实体经济的一个极其重要的体现，反言之，对于金融机构而言，服务国家战略更是一项使命光荣的重大机遇。这本新书《绿色金融支持国家重大区域发展战略研究》很好地将两者融为一体，实属不易。

这部书有一个很值得借鉴的写作手法，即国家战略虽然宏大，但作者很好地将国家重大区域战略中与绿色发展相关的问题提取出来，并将“大问题具体化”，让绿色金融更有抓手。所以，这种文风让读者感到“大而不空”，让通常枯燥的学术书籍读起来更加有趣。说到底，这是一种不故作惊人之语，但又踏实求真的文风，我个人表示高度欣赏与赞同。

书的最后似乎埋下了一个伏笔，针对黄河流域生态保护和高质量发展战略，可能是篇幅原因，作者好像只上了一道“开胃菜”。据我了解，王韧博士已经针对黄河流域开展了比较长时间的细致调研，我十分期待他后续能够推出关于这一最新战略的佳作。

作为一名学术界同行，我喜欢这部新书，也会向身边的朋友推荐王韧博士的这部著作。

王腾飞

上海财经大学城市与区域科学学院

2020 年 6 月

前　言

“千钧将一羽，轻重在平衡。”党的十八大以来，以习近平同志为核心的党中央高度重视区域协调发展，在2013年提出“一带一路”倡议后，于2014—2019年相继推出并实施五大国家重大区域发展战略，分别是京津冀协同发展、长江经济带发展、粤港澳大湾区建设、长三角一体化发展、黄河流域生态保护和高质量发展。这五大国家重大区域战略横贯东西、连接南北，与“一带一路”建设交错互融，地域面积占全国的一半左右，2018年年底常住人口、地区生产总值占全国的80%以上，目前已初步构建起我国区域高质量发展新格局，为建立更加有效的区域协调发展新机制注入澎湃动力。

值得注意的是，这些国家重大区域战略的发展规划都高度注重“生态优先、绿色发展”的理念。例如，在推进京津冀协同发展战略中，强调京津冀生态环保一体化，将雄安新区定位为“绿色生态宜居新城区”；在长江经济带发展战略中，习近平总书记明确指出“共抓大保护、不搞大开发”；在粤港澳大湾区建设战略中，将“绿色发展、保护生态”列为基本原则，提出打造国家绿色发展示范区；在长三角一体化发展战略中，提出把保护和修复生态环境摆在重要位置，建立长三角生态绿色一体化发展示范区；在黄河流域生态保护和高质量发展战略中，习近平总书记指出，要“共同抓好大保护，协同推进大治理”。由此可见，绿色发展贯穿国家重大区域战略始终，是这些重大国家战略的主基调。

推动国家重大区域战略的绿色发展，离不开金融资本的支持，尤其是绿色金融的支持。但每一个国家重大区域战略都是一项系统性工程，涉及方方面面，哪些属于绿色金融支持的范畴是本书需要回答的重要问题之一，通过分析不同国家重大区域战略的发展规划，梳理重点领域、重点区域、重点行业，研究绿色金融支持的重点方向。同时，绿色金融还包含绿色信贷、绿色证券、绿色基金、绿色债券、碳金融等众多绿色金融业态，多种绿色金融产品如何分类支持国家重大区域战略也是本书需要解决的问题。

本书在阐述区域协调发展新机制、国家重大区域战略绿色发展的基础上，充分考虑各项国家重大区域战略的自然条件、资源禀赋、经济基础差异，充分关注各项国家战略绿色发展中的核心问题，分类提出绿色金融支持国家重大区域战略的路径及对策建议。针对“一带一路”建设，提出“一带一路”绿色金融国际合作的机制设计；针对京津冀协同发展，提出绿色信贷支持京津冀绿色发展的策略，并分析绿色金融支持雄安新区绿色发展的路径；针对长江经济带，提出绿色金融支持产业绿色转移的路径；针对长三角一体化发展，评估分析长三角“26 + 1”城市群绿色金融发展状况，提出长三角绿色金融协同发展的路径；针对粤港澳大湾区建设，提出绿色金融对接大湾区绿色科技的措施，以及碳金融市场融合支持大湾区绿色金融的路径；针对黄河流域生态保护和高质量发展战略，提出不同绿色金融业态支持黄河流域的路径，以及支持沿黄流域中心城市及城市群高质量发展的路径。

希望本书能够为相关省市更好地融入国家重大发展战略提供决策参考，为实施地区绿色金融发展方案提供借鉴，为金融机构对接国家重大区域战略、开展绿色金融业务提供理论层面的参考路径。

目　　录

第一章　区域协调发展新机制概述

实施区域协调发展是新时代我国重大战略之一，是深入贯彻落实新发展理念、建设现代化经济体系的重要组成部分。党的十八大以来，以习近平同志为核心的党中央把促进区域协调发展摆在更加重要的位置，提出并实施了“一带一路”建设、京津冀协同发展、长江经济带发展、粤港澳大湾区建设、长三角一体化发展、黄河流域生态保护和高质量发展等一系列国家重大区域战略。党的十九大以及党的十九届四中全会又明确提出建立更加有效的区域协调发展新机制作为国家重大区域战略顺利推进、区域发展新格局顺利形成的制度保障。因此，本章作为全书开篇，将首先对区域协调发展新机制的发展脉络进行系统梳理，以期呈现出较为完整的理论分析框架。

第一节　区域协调发展新机制的内涵

2018 年 11 月 18 日中共中央、国务院出台了《关于建立更加有效的区域协调发展新机制的意见》，正式提出“区域协调发展新机制”一词。区域协调发展新机制贯穿五大发展理念，以“统筹有力、竞争有序、绿色协调、共享共赢”为总体要求，是一系列区域协调发展机制的全新集成。

一、指导思想

以习近平新时代中国特色社会主义思想为指导，全面贯彻党的十九大和党的十九届二中、三中全会精神，坚持新发展理念，紧扣我国社会主要矛盾变化，按照高质量发展要求，紧紧围绕统筹推进“五位一体”总体布局和协调推进“四个全面”战略布局，立足发挥各地区比较优势和缩小区域发展差距，围绕努力实现基本公共服务均等化、基础设施通达程度比较均衡、人民基本生活保障水平大体相当的目标，深化改革开放，坚决破除地区之间利益藩篱和政策壁垒，加快形成统筹有力、竞争有序、绿色协调、共享共赢的区域协调发展新机制，促进区域协调发展。

二 基本原则

第一，战略引领，梯次联动。区域协调发展新机制主要以我国重大区域战略为引领，突出“一带一路”建设、京津冀协同发展、长江经济带发展、粤港澳大湾区建设、长三角一体化发展在经济高质量发展、区域协同发展、深化改革开放等方面的引领示范作用，并促进不同板块、不同区域的发展梯队协调联动。

第二，全面开放，竞合有序。积极推进各区域开放合作，深度融入国家重大区域战略建设，打破制度藩篱，实现资源要素自由流动。同时，既要根据地区自身情况实行区域差异化政策，又要注重市场公平竞争，避免出现政策洼地和地方保护主义。

第三，挖潜优势，凸显特色。根据新情况、新要求、新变化，坚持继承完善和改革创新相结合，立足地方发展比较优势和传统基础，充分挖潜各地区特色资源，促进区域间优势互补，提高地区发展的含金量、含新量、含绿量，共同走出一条高质量发展之路。

第四，统筹协调，稳步推进。加强中央对区域协调发展的顶层设计，健全区域政策调控机制，充分结合地方发展实际稳步推进不同地区高质量发展，更加注重市场的主导作用，推动区域协调发展新机制有序进行。

三 主要内容

区域协调发展新机制以实现区域协调高质量发展为目标，主要包括区域战略统筹机制、市场一体化发展机制、区域合作机制、区域互助机制、区际利益补偿机制、基本公共服务均等化机制、区域政策调控机制、区域发展保障机制等多方面内容，本书重点阐述相对重要的四方面机制。

第一，区域战略统筹机制。区域战略统筹机制是区域协调发展新机制的核心内容，所谓“统筹”主要是统筹三个层面，一是统筹国家重大区域战略的协同发展，主要包括“一带一路”建设、京津冀协同发展、长江经济带发展、粤港澳大湾区建设等重大国家战略，以及区域重点战略和重要城市群建设。二是统筹经济发达地区与欠发达地区发展，既要推动东部地区进一步改革创新，实现经济高质量发展，又要兼顾西部欠发达地区，尽快补齐发展短板，打好脱贫攻坚战。三是统筹海洋陆地融合发展，更加注重经略海洋，推动海洋强国建设。第二，区域合作机制。区域合作机制涉及四个方面的合作，一是国家重大区域战略之间的合作与互动（京津冀地区、长江经济带、粤港澳大湾区等）；二是流域经济的合作发展（长江、珠江、淮河、汉江等生态经济带）；三是省际交界地区的合作发展（黄河金三角、川渝、湘赣等）；四是依托“一带一路”建设开展国际区域合作，深化双边及多边合作组织的战略合作。第三，区域互助机制。区域互助机制立足于实现“脱贫攻坚”，主要有两方面内容：一方面是东部地区与西部地区之间的扶贫协作，打造专项扶贫、行业扶贫、社会扶贫的新格局；另一方面是对口支援与协作，包括对西北、西南地区的精准对口支援、经济转型升级地区的对口合作。第四，区域政策调控机制。区域政策调控机制主要有两个层面，一是推出差异化区域政策，在环境保护方面加大政策力度，对中西部地区和东北地区予以政策倾斜；二是构建区域均衡的财政转移支付政策，完善与区域政策相协调的财政金融政策。

第二节　实施国家重大区域战略的现实意义

党的十八大以来，以习近平同志为核心的党中央提出了“创新、协调、绿色、开放、共享”五大发展理念，并先后实施了“一带一路”建设、京津冀协同发展、长江经济带等引领国家发展全局的重大区域发展战略。党的十九大报告提出“实施区域协调发展战略”，并将其统筹到全面建成小康社会的七大战略之中，标志着我国区域协调发展战略进入了新时代。

区域协调发展战略是习近平新时代中国特色社会主义思想的重要组成部分，是深入贯彻落实新发展理念、建设现代化经济体系的重要内容，是解决新时代发展不平衡、不充分问题的重大举措，是新时代推动我国区域发展的顶层设计和重要部署。实施区域协调发展战略对于构建区域发展新格局、促进经济高质量发展、全面建成小康社会、开启全面建设社会主义现代化国家新征程具有里程碑意义。

我国是世界上最大的发展中国家，东部与西部地区、南方与北方地区、沿海与内陆地区的区域经济发展存在一定差距，但不同区域之间又有各自的比较优势，应统筹大局、优势互补、资源共享、互利共赢，加强区域协调合作发展，不断缩小区域间差距。党的十八大以来，从中央到地方围绕促进区域协调发展做了大量工作，尤其在对接服务国家战略、区域合作与互助、区际利益补偿等方面进行了深入实践与探索，并取得了一定成效。但应同时看到，目前我国区域发展仍然存在许多不协调、不平衡、不充分之处，例如老少边穷地区发展依然滞后、深度贫困地区脱贫攻坚任务依然艰巨、南北区域分化现象逐渐凸显、东中西部地区和东北地区的发展协调性依然需要提升等。因此，实施区域协调发展战略最重要的现实意义就在于，解决好区域发展中诸多不平衡、不充分的问题，让新时代区域协调发展的成果更好地惠及广大人民。

第三节　实施国家重大区域战略的现实背景

2013 年以来，国际经济环境发生重大变化，不稳定、不确定因素增多，世界主要经济体纷纷进入经济再平衡的调整周期，我国经济发展也进入了增速换挡、结构调整、动能转换的经济新常态，同时区域发展也出现了新变化、新特征、新趋势。东部沿海地区依靠对外开放、创新驱动维持了经济稳定增长，充沛的发展潜力对周边地区产生了虹吸效应；而部分内陆地区的经济发展类型属于资源依赖、投资拉动，在供给侧结构性改革背景下，一些内陆省份出现了经济下滑的阵痛期，并且南北方之间、“四大板块”之间以及“四大板块”内部都出现了比较明显的区域差异。2018 年，国际形势更加波谲云诡，我国区域分化的现象更加明显，东部沿海地区的发展增速整体下行，北方地区低速增长的省市范围不断蔓延，各个板块内部同样呈现出区域分化特征。

一　南北方区域分化日趋显现

2008 年席卷全球的金融危机之后，世界经济增速明显放缓，我国经济受此影响也出现一定程度的增速下滑。2008 年至 2018 年的十年间，我国南北方区域经济的分化大致可以划分为两个阶段，一是从 2008 年至 2012 年，在这五年中，全国的经济增速放缓 4.3%，其中南方地区经济受影响较大，在这 4.3 个百分点中，南方地区经济拖拽了 2.7 个百分点，北方地区经济拖拽了 1.6 个百分点。二是从 2013 年至 2017 年，金融危机的影响逐渐消退，我国经济也逐渐从复苏期向繁荣期过渡，在这五年中，全国的经济增速放缓 3%，但值得注意的是，其中北方地区经济反向拖拽全国 5 个百分点，南方经济正向助推全国经济 2 个百分点，说明南方经济已经走出困难期，北方经济增速却加速下滑。即从 2013 年起，南方经济的整体增速超过北方，并且南北经济之间的差距呈现出逐年扩大趋势。具体来看：

2008 年至 2012 年，导致全国经济增速减缓的主要省份多集中于经济发达地区，包括东南沿海、长三角地区以及北京、山东等省市。这些省市出现经济增速放缓的原因主要有两个方面：一是经济运行周期，从高速增长阶段转向中高速增长的“换挡期”；二是发达省市更加注重经济高质量发展，在经济结构调整过程中经历“量变”到“质变”的压力期。与此同时，东北地区以及山西等资源型省份的经济增速并未出现下滑，西北地区的经济快速发展反而成为全国经济增速的“排头兵”。

2013 年后，东北三省经济的低速增长成为拉大南北差距的重要因素，在第一阶段经济速度放缓的沿海省市纷纷企稳，并成为拉动我国经济的重要力量。按年度 GDP 计算，南北方经济增速差距从 2013 年的 0.4% 扩大到 2018 年的 1%，并且除东北地区外，天津、甘肃、新疆等地也出现经济增速放缓。据统计，2018 年北方地区的 GDP 占全国 GDP 的比重为 38.5%，而这一数字是改革开放以来的最低值。

二　四大板块区域分化日益显著

我国东部、中部、西部、东北地区四大板块的区域发展总体战略是“东部率先、中部崛起、西部开发、东北振兴”，但近些年这四大板块之间分化日益显著，偏离了区域协调发展的目标航线，主要表现为：东北振兴迟迟难破题，地区经济陷入低速增长；“领头雁”东部地区经济增速放缓；西部地区快速发展的势头有所弱化；中部地区崛起势头明显。具体来看，在 2008 年至 2012 年的五年中，我国中部、西部以及东北地区的经济增速每年都要超过东部地区，但从 2013 年开始东北地区经济逐渐回落，退出赶超队伍。2017 年后，西部地区尤其是西北地区的经济增速出现明显下滑，内蒙古、新疆、甘肃、重庆这些往年增速较快的省份纷纷降档。2018 年作为四大板块中区域面积最大的西部板块，经济增速仅为 7.4%。同样，东部沿海地区受中美贸易摩擦、结构性去杠杆等内外部因素影响，经济增速也降至十年来最低水平。而在四大板块中，经济增长速度最快的是中部地区，2013 年以来中部六省年均经济增速一直在 8% 左右，2018 年经济增速 7.8%，在四大板块中异军突起。

除了四大板块之间的区域经济增长迥异，板块内部也出现了不同程度的分化。在东部板块，北京、天津、河北、山东等省市与南方广东、江苏、浙江等省的经济差距不断扩大；在中部板块，资源型省份山西与中部地区其他省份的经济差距也有拉大趋势；在西部板块，西南片区与西北片区的经济差距并未减小；在东北地区，只有辽宁省有较为明显的复苏迹象，而吉林、黑龙江仍处于低位徘徊阶段。

三　国家重点区域之间发展不均衡

京津冀协同发展战略、长江经济带战略、粤港澳大湾区等国家重大区域战略立足地区发展实际，各自有不同的功能定位和战略要求，近年来这些重大战略实施过程中取得了一定成效，但在快速发展的同时这些重点区域之间也出现了增长分化。例如，长江经济带和粤港澳大湾区的经济增长稳中有进，但京津冀地区却出现增速放缓的趋势，如表 1 - 1 所示，2012 年三者经济增速旗鼓相当，2018 年三者经济增速虽然均有下滑，但京津冀地区下滑速度却非常明显，并与长江经济带和粤港澳大湾区的差距逐渐拉大。

表 1 - 1　　　国家重点区域间经济增速对比

增速＼地区	京津冀地区	长江经济带	粤港澳大湾区（广东 9 市）
2012 年经济增速	9.9%	10.6%	9.4%
2018 年经济增速	5.9%	7.4%	6.9%

第四节　我国区域协调发展的政策梳理

区域协调发展关乎国家发展全局，党中央、国务院历来对此高度重视，特别是党的十八大以来，以习近平同志为核心的党中央加强顶层设计，出台了一系列引导、鼓励、促进区域协调发展的重大政策。为了使读者更加清晰地了解政策发展脉络，本书中对党的十八大以来区域协调发展政策进行分类梳理。

一　区域合作方面的有关政策

（一）《晋陕豫黄河金三角区域合作规划》

2014 年 4 月，国务院批复《晋陕豫黄河金三角区域合作规划》。该规划提出建设“两横两纵”发展轴（陇海铁路发展轴、煤运南通道发展轴、大运高速发展轴、蒙西铁路发展轴），培育壮大区域中心城市（运城、临汾、渭南、三门峡），构建次区域合作圈（推进侯马—新绛—绛县—曲沃一体化发展；推进韩城—河津—万荣—稷山—乡宁次区域合作；推进永济—潼关—灵宝—芮城次区域合作；促进富平—蒲城—临渭一体化发展；推进三门峡市区—平陆县城一体化发展；推进义马—渑池同城化发展）。同时提出了一系列重要举措，包括加快基础设施互联互通、加强产业分工协作、促进生态环境共建、推动公共服务一体化、协同推进改革开放等。

（二）《环渤海地区合作发展纲要》

2015 年 10 月，国家发展改革委员会印发了《环渤海地区合作发展纲要》，该纲要提出“沿海合作区、内陆协作区、重要轴带”的空间布局，沿海合作区包括京津冀协同发展区、辽中南地区、山东半岛地区；内陆协作区包括太原城市群、呼包鄂榆地区；重要轴带包括京沈—京石发展轴、京津呼（和浩特）新（疆）发展轴、青（岛）济（南）石（家庄）太（原）发展轴、沿海开放带、沿边开放带。同时，从加快跨区域重大基础设施建设、加强生态环境保护联防联治、推进产业对接合作、构建开放型经济新格局、完善统一市场体系、统筹城乡区域协调发展等多方面提出重点任务。

（三）《关于进一步加强区域合作工作的指导意见》

2015 年 12 月，国家发展改革委员会印发了《关于进一步加强区域合作工作的指导意见》，该意见明确了区域合作四个方面的任务。一是积极贯彻落实国家重大战略，多形式参与“一带一路”建设、京津冀协同发展和长江经济带发展战略；二是深入推进重点领域合作，着力加强统一市场建设、基础设施互联互通、产业协作、科技合作与协同创新、生态环境保护、社会事业合作和对口支援（协作）；三是充分发挥合作平台作用，建设好各类合作园区，创新发展合作平台，支持内地与港澳台侨合作平台建设，完善国际合作平台；四是创新区域合作机制，加快建立区域合作资金保障机制，创新利益分享与保护补偿机制，强化区域互助机制，建立健全法治环境。

（四）《关于深化泛珠三角区域合作的指导意见》

2016 年 3 月，国务院印发了《关于深化泛珠三角区域合作的指导意见》，该指导意见提出“全国改革开放先行区、全国经济发展重要引擎、内地与港澳深度合作核心区、生态文明建设先行先试区、‘一带一路’建设重要区域”的目标定位，并从促进区域经济合作发展、大力推进统一市场建设、推进重大基础设施一体化建设、促进区域创新驱动发展、加强社会事业领域合作、共同培育对外开放新优势、协同推进生态文明建设、深化内地九省区与港澳合作等方面提出了 35 条措施。

（五）《关于支持“飞地经济”发展的指导意见》

2017 年 5 月，国家发展改革委、国土资源部、环境保护部等八部委联合出台了《关于支持“飞地经济”发展的指导意见》，该意见提出了支持“飞地经济”发展的重点任务：一是完善“飞地经济”合作机制。支持合作方创新合作模式，合理分担相关成本，建立完善的议事协调机制、组织架构和管理体制，鼓励按照市场化原则和方式开展“飞地经济”合作。二是强化资源高效集约节约利用。飞地园区建设用地原则上使用所在地土地指标，加强耕地资源保护，强化土地集约利用，鼓励建设绿色园区。三是规范指标统计口径和方法。明确园区所在地政府统计部门为统计主体。允许合作方综合考虑权责关系和出资比例，以及资源环境因素，对经济指标进行协商划分，仅作专门用途供内部使用。四是加强统一市场建设。支持合作方优化行政审批流程，逐步探索行政许可跨区域互认，推进转移企业工商登记协调衔接，支持合作方开展质检、通关、市场执法等领域的标准对接和结果互认。五是支持在各类对口支援、帮扶、协作中开展“飞地经济”合作。支持通过“飞地经济”发挥市场机制，创新对口支援和东西部扶贫协作等区域合作模式，探索完善异地开发生态保护补偿机制。

二　城市群发展方面的有关政策

（一）《长江中游城市群发展规划》

2015 年 4 月，国家发展改革委印发了《长江中游城市群发展规划》，该规划提出构建多中心协调发展格局，推动武汉城市圈、环长株潭城市群、环鄱阳湖城市群协调互动发展，依托沿江、沪昆和京广、京九、二广“两横三纵”重点发展轴线，促进省际毗邻城市组团发展。同时，从城乡统筹发展、基础设施互联互通、产业协同发展、生态文明共建、公共服务共享、深化开放合作等方面提出重点任务。

（二）《中原城市群发展规划》

2016 年 12 月，国家发展改革委印发了《中原城市群发展规划》，该规划提出构建“一核四轴四区”网络化空间格局，“一核”是指郑州大都市区，“四轴”是指沿陇海发展主轴、沿京广发展主轴、济南—郑州—重庆发展轴、太原—郑州—合肥发展轴；“四区”是指北部跨区域协同发展示范区、东部承接产业转移示范区、西部转型创新发展示范区、南部高效生态经济示范区。同时，从强化区域创新体系支撑、深化产业分工协作、加快基础设施互联互通、推进生态环境共保共治、促进公共服务共建共享、全面提升对内对外开放水平等方面进行了工作部署。

（三）《北部湾城市群发展规划》

2017 年 2 月，国家发展改革委员会和住房城乡建设部印发了《北部湾城市群发展规划》，该规划提出打造“一湾双轴、一核两极”城市群框架，“一湾”是指以北海、湛江、海口等城市为支撑的环北部湾沿海地区；“双轴”是指南北钦防、湛茂阳城镇发展轴。“一核”是指南宁核心城市；“两极”是指以海口和湛江为中心的两个增长极。同时，从打造环境友好型现代产业体系、推动基础设施互联互通、共建蓝色生态湾区、深化海陆双向开放合作、建立健全城市群协同发展机制等方面提出重点任务。

三　流域经济方面的有关政策

（一）《珠江—西江经济带发展规划》

2014 年 7 月，国家发展改革委印发了《珠江—西江经济带发展规划》，该规划提出“一轴、两核、四组团、延伸区”的空间布局，一轴是以珠江—西江主干流区域为轴带，两核是强化广州和南宁作为经济带的双核，四组团是重点建设广州—佛山、肇庆—云浮—梧州—贵港、柳州—来宾、南宁—崇左—百色四个板块。同时对经济带进行了功能分区：广州、佛山都市区；肇庆、云浮、梧州、贵港产业承接区；柳州、来宾转型发展区；南宁、崇左、百色开放门户区；延伸协调联动发展区。该规划从六个方面进行了工作部署，包括协同推进重大基础设施建设、共建珠江—西江生态廊道、促进产业协同发展、建设特色多元沿江城镇体系、推进公共服务一体化、共创开放合作新高地。

（二）《淮河生态经济带发展规划》

2018 年 11 月，国家发展改革委印发了《淮河生态经济带发展规划》，该规划提出构建“一带、三区、四轴、多点”的总体格局。其中，“一带”是指淮河干流绿色发展带；“三区”是指东部海江河湖联动区、北部淮海经济区、中西部内陆崛起区；“四轴”是指临沂—连云港—宿迁—淮安—盐城—扬州—泰州发展轴、漯河—驻马店—信阳发展轴、菏泽—商丘—亳州—阜阳—六安发展轴、济宁—枣庄—徐州—淮北—宿州—蚌埠—淮南—滁州发展轴；同时，从打造绿色生态廊道、完善基础设施网络、推进产业转型升级、统筹城乡发展、促进基本公共服务共建共享、构建全方位开放新格局等方面提出重点任务。

（三）《汉江生态经济带发展规划》

2018 年 11 月，国家发展改革委员会印发了《汉江生态经济带发展规划》，该规划提出了“两区、四轴”的空间开发格局。“两区”是指以丹江口水库大坝为界，划分为丹江口库区及上游地区、汉江中下游地区。“四轴”是指沿汉江发展轴、沿武西高铁发展轴、沿沪陕高速发展轴、沿二广高速发展轴。同时，在重点任务中提到加快推进生态文明建设，打造“美丽汉江”；加强综合交通网络建设，构建“畅通汉江”；创新引领产业升级，培育“创新汉江”；统筹城乡协调发展，创建“幸福汉江”；推进全方位开放，发展“开放汉江”；创新体制机制，建设“活力汉江”。

四 地区振兴方面的有关政策

（一）《赣闽粤原中央苏区振兴发展规划》

2014 年 3 月，国务院印发了《赣闽粤原中央苏区振兴发展规划》。该规划提出打造赣南、闽西两大核心圈，发展六大组团（粤东北组团、赣中组团、赣东组团、赣西组团、闽西北组团、闽南组团），并从现代产业体系、基础设施建设、生态环境保护、社会事业发展、城乡统筹发展、开放合作和区域联动发展等多个方面提出了一系列措施。

（二）《关于全面振兴东北地区等老工业基地的若干意见》

2016 年 4 月，中共中央、国务院印发《关于全面振兴东北地区等老工业基地的若干意见》，该指导意见从着力完善体制机制、着力推进结构调整、着力鼓励创新创业、着力保障和改善民生等方面提出了 26 条重要措施。

（三）《东北振兴“十三五”规划》

2016 年 11 月，国家发展改革委员会印发了《东北振兴“十三五”规划》，该规划提出了十个方面的重点任务：构建振兴发展新机制、培育振兴发展新动力、提高农业现代化水平、构建现代产业体系、拓展区域发展新空间、促进特殊类型地区转型发展、完善区域基础设施网络、筑牢北方生态安全屏障、构建向北开放重要窗口、增进人民群众福祉。

五　国家重大区域发展战略规划

（一）《京津冀协同规划纲要》

2015 年 5 月《京津冀协同规划纲要》正式印发，该纲要对北京、天津、河北的功能定位进行了界定，北京市为“全国政治中心、文化中心、国际交往中心、科技创新中心”；天津市为“全国先进制造研发基地、北方国际航运核心区、金融创新运营示范区、改革开放先行区”；河北省为“全国现代商贸物流重要基地、产业转型升级试验区、新型城镇化与城乡统筹示范区、京津冀生态环境支撑区”。同时明确了以“一核、双城、三轴、四区、多节点”为骨架，“一核”即指北京，“双城”是指北京、天津，“三轴”指的是京津、京保石、京唐秦三个产业发展带和城镇聚集轴，“四区”分别是中部核心功能区、东部滨海发展区、南部功能拓展区和西北部生态涵养区。

（二）《长江经济带发展规划纲要》

2016 年 10 月《长江经济带发展规划纲要》正式印发，该纲要提出了“生态优先、流域互动、集约发展”的思路，以及“一轴、两翼、三极、多点”的格局。“一轴”是指以长江黄金水道为依托，发挥上海、武汉、重庆的核心作用，以沿江主要城镇为节点，构建沿江绿色发展轴。“两翼”是指发挥长江主轴线的辐射带动作用，向南北两侧腹地延伸拓展，提升南北两翼支撑力。“三极”是指以长江三角洲城市群、长江中游城市群、成渝城市群为主体，发挥辐射带动作用，打造长江经济带三大增长极。“多点”是指发挥三大城市群以外地级城市的支撑作用，以资源环境承载力为基础，不断完善城市功能，发展优势产业，建设特色城市，加强与中心城市的经济联系与互动，带动地区经济发展。

（三）《粤港澳大湾区发展规划纲要》

2019 年 2 月，中共中央、国务院印发了《粤港澳大湾区发展规划纲要》，该规划提出构建极点带动、轴带支撑网络化空间格局，以香港、澳门、广州、深圳四大中心城市作为区域发展的核心引擎。同时，从建设国际科技创新中心、加快基础设施互联互通、构建具有国际竞争力的现代产业体系、推进生态文明建设、建设宜居、宜业、宜游的优质生活圈、紧密合作共同参与“一带一路”建设、共建粤港澳合作发展平台等方面提出重点任务。

第二章　绿色发展背景下的国家重大区域战略

党的十八大以来，以习近平同志为核心的党中央顺应人类文明发展大趋势和人民群众新期待，将生态文明建设作为统筹推进“五位一体”总体布局和协调推进“四个全面”战略布局的重要内容，提出了一系列新理念、新思想、新战略，形成了科学系统的习近平生态文明思想，为全球生态文明建设、构建人类命运共同体提供了中国智慧、中国方案、中国贡献。党的十八届五中全会提出了“创新、协调、绿色、开放、共享”五大发展理念，党的十九大提出了实施区域协调发展战略。党的十八大以来出台的国家重大区域发展战略、重要区域协调发展政策、重大区域协调发展规划，有一个十分重要的共性特征，就是都将绿色发展摆在规划布局的突出位置。区域协调发展新机制也将“绿色协调”作为基本要求，由此可见，将绿色发展理念植入区域协调发展新机制是实施区域协调发展战略的重要举措，也是深入贯彻落实习近平生态文明思想的重要实践。

第一节　我国区域协调发展中的生态环境问题

要实现区域协调发展新机制的“绿色协调”目标，首先应弄清区域协调发展中的生态环境问题，本书从以下三个方面进行分析。

第一，通盘考虑区域经济发展中的三类环境问题。一是区域生态环境保护问题。生态优先、绿色发展是区域经济高质量发展的应有之义，是各重大区域战略秉承的目标导向，做好生态环境保护工作，既要把握好环境规制强度，又要明确好生态环境权责划分，还要科学约束经济发展目标，做到经济社会发展与自然生态保护有机统一。二是区域生态环境治理问题。区域环境治理需要多方联动、群策群力，既要注重财政金融支持，也要引导社会资本参与；既要有制度性保障，还要有法律法规配套，各区域根据发展实际统筹做好“打赢蓝天保卫战、水污染防治、土壤污染防治”等各项攻坚战。三是区域生态环境污染问题。我国虽然国土面积广大，但环境的总体容量有限，西北地区生态系统脆弱，华北地区污染较重，这是我国的基本国情。“垃圾围城、京津冀雾霾、水土污染”等生态环境污染问题已经成为广大人民密切关注的问题，因此，解决多年来粗犷式发展带来的环境污染问题刻不容缓。

第二，协调处理区域经济发展与生态环境间的矛盾。区域之间、流域之间、省份之间往往生态环境与经济发展复杂交织，特别是在大江大河的上下游地区、大型湖泊的周边、森林草原的区域，虽然在行政区划下经济利益相对分割，但自然生态利益、生态保护却需要整体把握。在现实中，一些地区往往出于自身利益，在区域生态治理上各行其是，出现“九龙治水”的情况；还有一些地区在生态治理上出现责权不对等，存在“搭便车”现象。因此，有序推进区域协调发展新机制，首先要协调处理好这些矛盾问题。究其原因，主要有以下两个方面：一是区域生态环境治理涉及面极广，需要统筹协调多个方面，但各个行政区域却各自为政，各自制定不同的环境规制，区域生态治理缺少顶层设计。二是生态治理与贫困治理的政策衔接不够顺畅，生态功能脆弱区往往也是经济欠发达地区，生态补偿、生态治理、自身经济发展三者之间形成了复杂的矛盾体。

第三，科学研判区域协调与全域绿色发展之间的关系。“不谋全局者，不足以谋一域”，区域协调发展要立足全域生态可持续发展的前提，党的十八大以来的国家重大战略无不体现出全域绿色发展的理念，例如长江经济带的“共抓大保护，不搞大开发”，黄河流域的“共同抓好大保护，协同推进大治理”等，所以实现全域绿色发展更具有根本性意义，局部生态环境建设只能是在全域绿色发展中分担其责任。如果单纯以局部的均衡来评价绿色发展，那么很可能出现诸如污染企业、过剩产能区域转移等非可持续现象。因此，若解决以上这些问题，我们必须科学研判区域协调与全域绿色发展之间的关系，不得刻意照顾某一区域的利益而影响全局发展。

第二节　国家重大区域战略的绿色实践

部分地市在推进区域协调发展过程中，依托国家重点战略，坚持绿色发展理念，积极探索可复制、可推广的生态优先、绿色发展模式，积累了许多“绿色经验”。

一　长江经济带的绿色发展实践

习近平总书记在2016年1月召开的长江经济带发展座谈会上指出，“当前和今后相当长一个时期，要把修复长江生态环境摆在压倒性位置，共抓大保护，不搞大开发”。所以，长江经济带要更加突出“生态”二字，要更加注重绿色发展。

（一）贵州省“大生态＋大开放”战略

在推动长江经济带绿色发展方面，贵州省实施了“大生态＋大开放”的举措，推出了一系列政策规划和重要运行机制。

一是规划先行。贵州省先后出台了《贵州省推动长江经济带发展实施规划》《长江经济带岸线保护与开发利用专项规划（乌江渡—省界）》《贵州省划定长江经济带战略环评“三线一单”工作实施方案》《贵州省推动长江经济带发展“三水共治”工作方案》《贵州省长江经济带环境保护规划》《贵州省长江经济带环境保护规划实施方案》《长江经济带战略环评贵州省“三线一单”》等一系列政策规划。

二是基金保障。赤水河是长江上游支流，2018 年年初，贵州省与云南省、四川省共同注资 2 亿元成立“赤水河流域横向生态保护补偿基金”，贵州省、云南省、四川省三省的出资比例为 5∶1∶4，补偿资金在贵州省、云南省、四川省三省间的分配比例为 4∶3∶3。成立该补偿基金的目的主要是做好赤水河流域生态环境保护、生态修复工作，该基金的成立也是我国首次建立跨省流域横向生态补偿机制的典型示范。

三是四大机制。2019 年 8 月，贵州省与重庆市、四川省、云南省共同举办长江上游地区省际协商合作联席会议。此次会议宣布建立四大机制：长江上游四省市生态环境联防联控机制、基础设施互联互通机制、公共服务共建共享机制以及长江上游地区省际协商机制。在生态环境方面，《长江上游四省市 2019 年生态环境联防联控重点工作方案》包含了跨省市水污染防治、加强流域生态系统保护、实施水资源保护与利用工程、强化长江沿岸化工企业整治、加强跨省市固体废物管理、施行大气污染联防联控联治、深化环境风险联合防控、建立生态补偿机制、加强跨区域“三线一单”交流衔接及环评会商、强化科技支撑十个方面的内容。

（二）江西省长江经济带“共抓大保护”攻坚行动

2018 年 6 月，江西省发改委印发了《江西省 2018 年推动长江经济带发展工作要点》，包括构建生态环保和绿色发展项目投融资机制，建立全省生态保护和绿色发展项目库，将十大攻坚行动中需要采用工程措施的，纳入项目库管理滚动实施，充分调动金融机构和社会资本参与长江经济带生态保护和绿色发展项目的投资建设和运营管理。对接落实负面清单管理制度，对接长江经济带市场准入禁止限制类目录，落实岸线开发、河段利用、区域开发和产业发展四个方面禁止限制准入内容以及相应的管控要求。

2018 年 7 月，江西省农业厅出台了《江西省推进长江经济带“共抓大保护”攻坚行动农业重点任务工作方案》，该方案从化肥农药减量增效、农业废弃物资源化利用、水生生物多样性保护三个方面共13条措施进行部署，致力于打造长江经济带绿色发展示范区，建立“共抓大保护”的生态环境治理新机制、产业绿色发展新模式。

二　粤港澳大湾区的绿色发展实践

2019年2月，国务院发布了《粤港澳大湾区发展规划纲要》，值得注意的是，在规划的总体要求、重点布局、主要任务中，绿色发展理念贯穿始终。近年来，大湾区部分城市认真践行生态文明建设，积累了良好的绿色发展经验。

（一）广州市积极推进绿色金融改革创新

作为全国首批绿色金融改革创新试验区，广州市的绿色金融发展已经初显成效，在政策支持方面，2019年7月广州市政府办公厅印发了《关于促进广州绿色金融改革创新发展的实施意见》；在服务实体经济方面，专门设计了绿色金融场景应用，为绿色项目填报、融资需求匹配、银企对接提供全领域支持和服务，从而提升绿色金融机构与绿色企业项目匹配的准确性、高效性；在防范化解风险方面，积极开展绿色信贷风险监控与压力测试，完善绿色信贷全流程跟踪监测，随机监测绿色金融运行状况、识别绿色项目风险，并建立绿色信贷风险补偿机制。

（二）深圳市大力发展绿色低碳产业

深圳在绿色低碳产业布局方面十分重视，主要对新能源汽车、先进核能、高效储能、智慧能源等重点领域进行支持，并且推出了一系列扶持计划，例如产业化股权资助扶持计划、产业化融资贴息扶持计划、产业化事后补助扶持计划、产业化信用贷款、担保贷款、设备融资租赁方式扶持计划，等等。从2019年的绿色低碳产业支持情况来看，大多数项目都获得500万元左右的财政支持，最多的是新能源汽车高压电控系统产业化项目，获得1457万元资金支持。

三　长三角一体化的绿色发展实践

长三角一体化的绿色发展在国家重大战略层面是具有特殊意义

的，2019 年 10 月国家发改委专门印发了《长三角生态绿色一体化发展示范区总体方案》，这一点是与其他重大战略有所不同的，是将绿色一体化发展作为整个长三角发展的先手棋和突破口。《方案》中提到要打造生态价值新高地、绿色创新发展新高地、绿色宜居新高地，并在规划管理、生态保护、土地管理、要素流动、财税分享、公共服务、公共信用等方面推出一系列制度创新举措。

在此之前，长三角部分地区已经积累了一定的绿色发展经验，例如 2018 年浙江省实施的“大花园”建设行动计划，该计划由省环保厅牵头实施生态环境质量提升工程，省旅游局牵头实施全域旅游推进工程，省发改委牵头实施绿色产业发展工程和绿色发展机制创新工程，省交通运输厅牵头实施基础设施提升工程。

第三节　绿色发展背景下区域协调发展新机制的现实意义

构建区域协调发展新机制是党的十九届四中全会的重要部署，其中涵盖的国家重大战略都是习近平新时代中国特色社会主义思想的重要内容，也是习近平总书记亲自谋划、亲自部署、亲自推动的重大任务。同时，绿色发展理念作为五大发展理念之一，是习近平生态文明思想的重要内容。因此，我们研究绿色发展背景下的区域协调发展新机制具有重要的现实意义。

一　有助于推动质量变革和动力变革

将绿色发展理念植入区域协调发展战略中，将有助于实现地区发展质量变革和动力变革，更有助于引领地区经济高质量发展。从宏观布局来看，在目前的国家重大战略中，绝大多数区域板块都面临着产业转型升级的问题，例如实现东北全面振兴，东北老工业基地转型发展就离不开新旧动能接续转换、离不开绿色发展理念；中部地区崛起也要加快新旧动能转换，加快腾笼换鸟、凤凰涅槃。所以，无论是从理论逻辑还是实践逻辑上看，绿色发展与实施新旧动能转换的理念都是相互支撑、相互促进的。质量变革不仅要提升产品质量和服务质量，更要全面提升经济全领域的综合素质，是一次贯穿新发展理念，将制度创新落实到实践层面的全方位变革。动力变革，是要实现传统要素驱动转变为创新驱动，不断增强传统行业尤其是制造业的内生动力，加快推进制造业绿色化发展水平，多措并举提高企业绿色技术创新能力。质量变革与动力变革中的一项重要内容就是绿色发展，要将“绿色转型”贯穿到投资、消费、生产、生活的全流程，要让“绿色低碳”渗透到企业生产链、居民生活链、产业供应链的全环节，要让“绿色发展”成为高质量产品和服务的鲜明特征。

二　有利于将生态优势转化为经济社会发展优势

绿色发展背景下的区域协调发展是统筹推进区域生态保护与区域经济高质量发展的应有之义，是将生态环保要求纳入经济社会发展全过程的重要体现。近年来，我国经济整体水平快速提升的同时，也面临生态资源无序开发、自然环境破坏等突出矛盾和现实问题。人民对美丽生态环境的需求日益增长，既对绿色发展提出新的更高要求，也给绿色发展带来更大机遇。例如，2016 年全国乡村旅游消费规模超过 1.1 万亿元，约占全国旅游总收入的 25%，带动 672 万户农民受益，户均年收入超过 6 万元。2017 年，全国乡村旅游增至 25 亿人次，旅游消费规模超过 1.4 万亿元。仅 2017 年“五一”小长假期间，乡村旅游就达 0.79 亿人次，约占同期旅游总人次的 58.6%。这充分印证了绿色发展将生态优势转化为经济优势，是将绿水青山变为金山银山的典型范例。由此可见，绿水青山突出的是生态优势，金山银山突出的是经济优势，虽然生态优势并不是拿之即用的经济优势，但关键是如何将生态优势转化为持续的经济优势。

三　有助于推进区域一体化的制度创新

绿色发展背景下的区域协调发展，将有利于探索一系列制度创新，例如全域绿色发展的体制机制创新、区域协调发展的空间治理机制创新，这些制度创新都致力于将区域项目协同转化为区域一体化发展，突破行政边界、突破行政隶属，最终实现共商、共建、共管、共享、共赢。从全国层面来看，《长江三角洲区域一体化发展规划》提出生态环境共保联治，探索生态友好型高质量发展模式，例如由上海、江苏、浙江共同制定实施示范区饮用水水源保护法规，共同建立区域生态环境和污染源监控的平台；从省际层面来看，也已经初步形成一些创新经验：浙江省高度重视区域绿色发展的制度创新，为积极融入长三角一体化发展，提出构建以排污许可制为核心的固定污染源监管制度体系，完善污染防治区域联动机制和陆海统筹的生态环境治理体系，建立生态产品价值实现机制，完善绿色发展财力奖补和生态补偿机制。

第三章 “一带一路”建设的绿色金融国际合作研究

现阶段“一带一路”沿线国家以发展中国家为主，而沿线多数国家在发展模式上都存在一个共性短板，即“粗放型经济+脆弱性生态”并存，且沿线多数国家的金融机构对“环境风险”的防控能力不足。在“一带一路”基础设施投资过程中，项目周期长、金额大，自然资源保护难度高，投资项目被东道国叫停事件时有发生。因此，在这种现实背景下，绿色金融支持“一带一路”建设被提上日程，各国也都在加快建立绿色金融体系。然而，如果仅仅依靠某一个国家开展绿色金融服务“一带一路”建设是不可持续的，环境的无界性与环境治理的协同性决定了必须通过绿色金融国际合作才可以有效降低“一带一路”投资成本，解决环境风险问题，最终实现“一带一路”建设绿色发展。

第一节 “一带一路”绿色金融国际合作的意义

绿色金融国际合作是多个国家或经济体在绿色金融政策、绿色金融工具、绿色金融机构等多领域的共同创新发展，对于“一带一路”沿线国家来说，加强绿色金融合作有利于实现各区域投资更加便利，有利于降低各区域重大金融风险，有利于带动区域间更广范围的合作交流。

一　有助于“一带一路”投资更加便利

加强绿色金融国际合作有助于“一带一路”沿线国家在项目对接、政策沟通方面更加顺畅，有利于打破区域投资壁垒、推动贸易投资便利化。“一带一路”沿线国家普遍经济总量不高、金融发展水平滞后，鉴于对环境安全方面的考虑，部分国家对外资采取总量管控、投资准入等门槛限制。因此，推进“一带一路”建设要打破区域投资壁垒，而应对环境风险是当务之急。虽然“一带一路”沿线国家普遍认可绿色发展，认同构建绿色金融体系，但在实际建设过程中，发展中国家仍会面临发达国家制造的种种障碍，例如投资标准限制、规则不确定性、政策扭曲等问题。发展中国家在“一带一路”建设中的这些顾虑都可通过绿色金融国际合作而有效减少，因为绿色金融国际合作将遵照共商、共建、共享原则，采用国际统一标准执行，这种合作机制将会充分体现发展中国家地位，在绿色金融规则制定中充分体现发展中国家的生态环境利益。此外，绿色金融国际合作的一项重要内容是搭建信息共享平台，来解决投融资信息不适配、不对称问题，让投资者更加充分地了解东道国环境风险问题，促进区域间投资便利化。

二　有助于抵御区域重大金融风险

加强绿色金融国际合作将会从制度层面约束投资双方，减小重大项目违约风险概率，增强发展中国家甄别绿色金融风险能力，抵御区域内重大金融风险。一方面，在目前国际金融合作中债务违约、主权违约等重大风险事件屡见不鲜，而绿色金融合作机制可以有效约束东道国违约行为，保持外资政策和多边协议的连贯性、稳定性，协助投资方抵御债务违约风险和主权违约风险；另一方面，绿色金融国际合作强化了发展中国家绿色金融工具的安全性，尤其是弥补了环境风险类金融工具的短板，并借助绿色金融风险联防联控机制、信息互通机制，共同抵御区域内重大金融风险。

三　有利于建立更广泛的合作空间

“一带一路”基础设施实现互联互通是推动沿线国家经济合作

的前提保障，在建设初期东道国的积极性非常重要，因为沿线国家都会通盘考虑合作成本与项目的可持续性，通过绿色金融国际合作可以兼顾低成本与可持续投资优势，实现沿线国家更广泛的合作交流。一方面，加强绿色金融国际合作有助于“一带一路”投资的可持续性，在稳定资金链的基础上缓解东道国的环境风险，增强沿线国家对“一带一路”建设的认同感；另一方面，通过绿色金融国际合作可以降低政策对接成本。以碳市场为例，发达国家与发展中国家都会因“规制问题”面临多种风险，而绿色金融国际合作机制则采用事前国际统一标准，这就降低了参与双方在绿色金融政策方面的对接成本。

总体而言，绿色金融国际合作涉及货币、汇率、金融工具等多个领域的金融合作，在此基础上，更有助于促进“一带一路”建设的全方位合作。环境问题的无界性构筑了绿色金融国际合作的根基，保护生态环境是各国的共同意愿，不易受国际政局变化所左右。加强绿色金融国际合作将会推动全球统一的或兼容性更强的合作规制，同时绿色金融国际合作的兼容性促成了投资者的广泛性，发展中国家也可参与绿色国际规则制定、共享绿色金融产品。所以，绿色金融国际合作符合“一带一路”沿线各国的基本诉求，共同推动“一带一路”区域合作的绿色可持续发展。

第二节 “一带一路”绿色金融国际合作的发展现状

“一带一路”建设开展以来，绿色金融的国际合作已经积累了一定的发展基础，包括广泛达成的绿色金融共识、双边或多边合作机制提供的政策支撑、多边金融机构的支持，等等，特别是2016年后绿色金融国际合作更加密切，这些实践经验为未来“一带一路”建设经济合作提供了宝贵经验。

一　沿线国家积极发展绿色金融已成共识

综观整个“一带一路”沿线国家的生态环境，大部分国家都面临土地贫瘠、自然生态脆弱、沙漠化等突出问题，这些日益严峻的环境形势迫使沿线国家主动寻求生态之变，于是绿色金融自然而然地成为各个国家治理方式的一个共识。表 3－1 梳理了部分国家或多边组织在推进绿色金融国际合作过程中出台的政策方案。

表 3－1　“一带一路”沿线国家绿色金融国际合作的政策基础

类别	时间	国家或地区	相关内容
绿色金融顶层设计	2016 年 8 月	中国	《关于构建绿色金融体系的指导意见》
	2016 年 12 月	欧盟	加强智力支持，成立可持续金融高级专家组
	2017 年 2 月	印度	制定本国绿色银行业的发展规划
	2017 年	叙利亚	加入《巴黎协定》
	2017 年 12 月	南非	发布可持续金融路线图
绿色投资	2016 年 9 月	新加坡	加入全球可持续证交所倡议（SSE）
	2016 年 10 月	中国	加入责任投资原则（PRI）
	2016 年 11 月	新加坡	印发《新加坡责任投资者管理原则》
	2016 年	韩国	印发《机构投资者尽责管理守则》草案
绿色债券	2014 年	马来西亚	发布关于规范绿色债券市场马来西亚机构投资者的公众磋商
	2017 年 1 月	新加坡	金融管理局发布绿色债券奖励机制
	2017 年 3 月	中国	证监会发布《关于支持绿色债券发展的指导意见》
	2017 年 5 月	印度	证券交易委员会发布绿色债券上市规范
	2017 年 6 月	新加坡	金融管理局发布《绿色债券津贴计划》
	2017 年	韩国	企划财政部推出《绿色债券指导意见》
	2017 年	俄罗斯	中央银行针对绿色债券市场开展评估
	2018 年 7 月	卢森堡	发布全球首部《绿色资产担保债券法》

资料来源：笔者整理。

二 多边合作机制为绿色金融国际合作奠定基础

“一带一路”倡议提出六年来，沿线国家通过双边国事访问、国际学术研讨会、双边战略合作框架协议、金融机构对接等方式不断强化区域发展合作。目前，沿线国家已经搭建了一批融资平台，建立了双边或多边合作机制，这些区域合作平台为绿色金融国际合作奠定了坚实基础。

根据中国“一带一路”官方网站的数据显示，截至 2019 年 7 月底，中国政府已与 136 个国家、30 个国际组织签署了 195 份政府间合作协议，推动与合作基础坚实、合作体量较大、合作意愿强烈的国家联合制定合作发展规划，例如俄罗斯的“欧亚经济联盟”、哈萨克斯坦的“光明之路”、印度尼西亚的“全球海洋支点”、蒙古国的“发展之路”、菲律宾的“大建特建”计划、匈牙利的“向东开放”。2017 年 5 月，第一届“一带一路”国际高峰论坛有 29 个国家的国家元首和政府首脑出席，1600 多名代表参会，形成 5 大类 279 项务实成果；2019 年 4 月，第二届“一带一路”国际高峰论坛有 38 个国家的国家元首和政府首脑出席，6000 多名代表参会，形成 6 大类 283 项务实成果。

为保障资金融通，中国金融机构正在打造长期、稳定、可持续、风险可控的多元化融资体系，例如成立丝路基金、亚洲基础设施投资银行，推动政策性金融、商业性金融为“一带一路”提供资金支持，还牵头成立多边开发融资合作中心，发布《“一带一路”债务可持续性分析框架》等。截至 2019 年 6 月底，中国出口信用保险公司在“一带一路”沿线各国累计实现保额约 7704 亿美元，支付赔款约 28.7 亿美元；丝路基金实际出资额近 100 亿美元。在人民币国际化方面，中国先后与 21 个“一带一路”沿线国家建立双边本币互换安排，与 7 个“一带一路”沿线国家建立了人民币清算安排，与 35 个“一带一路”沿线国家的金融监管当局签署了合作协议。同时，人民币跨境支付系统（CIPS）的业务范围已经覆盖了 60 多个“一带一路”沿线国家或地区，大大提高了人民币国际支付、投资、交易以及储备功能。

三　现实绿色金融实践为绿色金融国际合作提供经验

“一带一路”建设六年来，许多沿线国家已经多次公开强调开展绿色金融国际合作的必要性，环境问题的全球共识、绿色金融资源配置不均衡、绿色金融监管短板等问题倒逼域内加强绿色金融国际合作，而近几年国家间的绿色金融合作实践也为下一步建立常态化机制积累了宝贵经验。特别是2016年以来，绿色金融发展势头迅猛，中国已与沿线多个国家采取多种形式开展相关合作，例如G20峰会、气候变化相关财务信息披露工作组（TCFD）、央行与监管机构绿色金融合作网络（NGFS）、国际金融公司（IFC）主导的可持续银行网络（SBN）等多边合作框架。具体如表3－2所示。

表3－2　　我国绿色金融国际合作现实实践

合作类别	时间	合作案例
绿色金融经验交流	2016年12月	中国环保部与联合国环境规划署（UNEP）签订《关于建设绿色“一带一路”的谅解备忘录》，并组建“一带一路”绿色发展国际联盟
	2017年11月	中国金融学会绿色金融专业委员会与欧洲投资银行（EIB）共同发布《探寻绿色金融的共同语言》白皮书
	2018年5月	清华大学国家金融研究院、国际金融公司可持续银行网络（SBN）、中国环境与发展国际合作委员会三方联合发起“绿色金融全球领导力项目”
	2018年10月	中国与法国召开绿色金融联席会议，主要议题围绕绿色资产、“棕色”资产，并推动双边金融机构与地方企业签署《“一带一路”绿色投资原则》
绿色金融风险防范合作	2017至2018年	中国与英国联合成立绿色金融工作组，重点研究环境风险分析、ESG评估等问题，并发布多份研究报告
	2017年12月	中国与荷兰、法国、意大利等8个国家的金融监管当局共同倡议成立的“央行与监管机构绿色金融合作网络”（NGFS），主要目的是促进金融机构加强环境信息披露与环境风险分析，研究绿色定义的全球统一标准以及出台绿色金融激励措施

续表

合作类别	时间	合作案例
绿色债券跨境投资	2016年11月	中国与英国联合在伦敦证券交易所推出我国第一支绿色资产担保债券
	2017年	中国电力新能源发展有限公司发行我国第一单境外非金融业“绿色熊猫债”
	2018年3月	国家发改委支持香港构建国际绿色债券市场
	2018年9月	中国建设银行在卢森堡证交所发行首笔跨境绿色债券
	2018年11月	中国农业银行在卢森堡证交所发行首单规模为5亿欧元的浮息欧元绿色债券

资料来源：作者整理。

四 现阶段绿色金融国际合作存在的问题

虽然近年来绿色金融市场发展迅速，但其规模与绿色投资的庞大需求相比，仍存在很大缺口。2017年全球债券市场融资总额高达6.8万亿美元，但绿色债券占比只有2.3%左右，未来还有巨大的发展空间。除了绿色项目和绿色金融自身的内生问题之外，还存在绿色项目外部性问题、绿色金融产品期限错配、绿色金融定义的缺失和标准不统一、环境气候风险预测能力欠缺等，在国际合作方面也面临着复杂的问题与挑战。总体来看主要有以下三大方面。

第一，国际范围内缺乏绿色金融统一定义与具体分类标准，并且现有定义和现行标准在短时间内恐难以统一。一方面，全球仍然仅有少数国家或地区发布了绿色金融产品（主要是绿色信贷与绿色债券）的定义以及分类标准，例如仅有中国、巴西、孟加拉国对“绿色信贷”的定义与分类标准进行了官方界定，而关于“绿色债券”的定义与分类标准目前仅有国际资本市场协会（ICMA）和中国金融学会绿色金融专业委员会作出了说明。但是绝大多数国家都没有官方界定或试行任何一种绿色定义和标准，这就大大阻碍了绿色金融在国际市场的发展，所以更深层次的绿色金融国际合作也就成了无本之木。另一方面，由于不同国家或地区在经济发展阶段、战略布局、自然资源禀赋等方面的差异，现有绿色定义和现行资产分类标准也相对混乱，并且在短时间内难以统一。因此，出现这样一个两难境地：国际层面普遍缺乏官方定义，同时既有定义又不统一，这种两难局面会使绿色金融国际合作缺少原则性的基础，提高了绿色资本跨境流动的交易成本，减缓了绿色金融国际合作的进程。

第二，绿色金融国际合作的相关政策举措在“一带一路”建设中面临“落地难”。“一带一路”沿线涉及很多发展中国家，这些国家人口密集、发展粗放、生态环境脆弱，但将来又会成为主要的碳排放国，预计碳排放总额远远高于中国当前标准，对世界气候变化和环境风险都有较大影响。而中国作为“一带一路”建设的发起国，主动支持其他国家发展绿色金融业务、推动国际合作框架下绿色金融市场建设显得尤为必要。但在实际运行过程中，一些绿色金融政策在“一带一路”沿线国家或地区很难顺利落地。首先，传统行业、高污染行业依然是一些沿线国家的支柱行业，对当地经济增长和劳动力就业尤为重要。传统产业的绿色转型并非一日之功，而是需要比较长的阵痛过渡期，部分国家政府观念保守，主动发展绿色低碳行业的意愿都不是太高，所以对绿色金融的兴趣也不是太大。其次，一些“一带一路”沿线国家的国情较为复杂，受政局动荡影响，经济不够稳定，严重波及绿色金融国际交流与合作。同时，过高的经济风险、政治风险也影响了其他国家对这些国家开展绿色投资。最后，大多数“一带一路”沿线国家或地区金融市场发展滞后，有的只是刚刚接触绿色金融这种新金融业态，更没有相关的绿色金融产品和绿色金融市场，投资者即便有意向开展绿色投资也无从下手。所以，推动绿色金融基础建设和国际合作对这些国家非常必要，这也是中国未来推动绿色“一带一路”的主攻方向。

第三，受单边主义影响，个别国家政策突变对绿色金融国际合作不利，尤其是对全球气候变化、开展绿色金融等热点议题的研究和合作产生负面影响。2017 年以来，少数国家在应对碳排放、全球气候变暖等方面出现了重大政策转向，多次威胁退出《巴黎协定》并在G20等多个重要多边合作框架下阻碍相关议题的研究和合作，对绿色金融国际合作造成了一定负面影响，并且这种负面影响预计在短期内还会继续存在。

第三节 “一带一路”绿色金融国际合作的机制设计

为促进绿色金融国际合作的有序推进，建议构建由政府、市场、民间三方参与的绿色金融综合协调框架，具体包括绿色金融政策沟通机制、绿色金融市场完善机制、绿色金融风险防范机制。

一 绿色金融政策沟通机制

目前，“一带一路”沿线各国的环境标准、绿色金融管控标准差异较大，所以在绿色金融国际业务实际操作中，经常出现国际标准不统一而引发的绿色投资业务的中止。因此，我们亟须在互利平等的基础上构建“一带一路”绿色金融政策沟通机制，逐步将绿色金融业务推向国际化、标准化、统一化，这也是更好地开展绿色金融国际合作的基本前提。

在组织构建和框架搭建方面，可由非政府组织或多边组织牵头负责绿色金融政策沟通机制的国际协调。以亚洲为例，可由亚洲金融合作协会（AFCA）作为总协调，依托亚金协绿色金融合作委员会优势，联系亚洲投资行、丝路基金、世界银行、亚洲开发银行、国际清算银行、欧洲复兴开发银行等，对接绿色金融业务开展细则，重点围绕绿色金融标准制定、绿色金融业务评估、绿色金融亚洲认证、绿色金融指数发布、构建碳交易亚洲平台等问题进行研究，探究如何从绿色产业项目界定、绿色资金投向、存续期间资金管理、绿色信息披露认证等方面进行引导和规范，从而制定“一带一路”亚洲版绿色金融实践准则和通用标准。另外，亚洲金融合作协会（AFCA）还应对接各国政府金融监管当局，统筹协调区域绿色金融政策，形成亚洲公认的绿色金融系统性协议框架，推动"一带一路"绿色金融产品的区域自由流通，连接亚洲金融市场。

在绿色认证与绿色信贷方面，构建与多边金融机构绿色金融事业部、国际绿色金融认证协会的交流平台，依照国际绿色金融认证标准，参考国际普遍使用的环境压力测试模型、环境风险敏感性分析等先进方法，积极推动建立对标国际的"一带一路"亚洲版绿色金融认证方案。建立健全绿色信贷指标评价体系，可参照国际金融机构的相关部门①对绿色信贷业务分类指导。通常情况下是将项目划分为四大类，第一类是"一带一路"建设中符合国际领先绿色标准的项目，对于此类项目可以优先进入绿色通道，享受绿色信贷优惠利率；第二类是"一带一路"建设中符合国际基本绿色标准（但未达到国际领先层级）的项目，正常发放绿色信贷，贷款利率按照正常利率水平执行；第三类是"一带一路"建设中不符合国际基本绿色标准（但满足东道国当地环保标准）的项目，限制绿色贷款发放，并上浮贷款利率；第四类则是没有达到东道国当地环保标准的项目，列为禁止类贷款，对项目暂停绿色投资。

在绿色金融政策扶持方面，可由金砖国家作为协调国，联合亚洲金融合作协会、亚投行，积极对接"一带一路"沿线国家财政部门和金融监管部门，鼓励各国加大对绿色金融活动的支持力度，引导社会资本参与绿色投资，对绿色项目给予一定的税收优惠政策。东道国应积极为跨境绿色金融投资者提供良好的外部营商环境，将竞争中性原则落实到绿色投资全流程。另外，还应加强绿色基金、绿色债券等新兴绿色金融产品的国际合作，加强"一带一路"沿线国家对于绿色债券的共识，鼓励中资机构"走出去"发行绿色债

---

① 例如荷兰银行绿色金融部、花旗银行绿色金融事业部、摩根大通绿色金融部、花旗银行环保和社会风险政策审查委员会、巴克莱银行环境风险管理部、汇丰银行可持续发展部、瑞穗银行可持续发展部。

券，鼓励外国机构“走进来”发行绿色熊猫债，中国可依托在亚洲的绿色金融优势，牵头组建“亚洲绿色债权交易平台”，并设立“一带一路”绿色债权认证机构。盘活各金融机构绿色金融事业部与国际投资机构之间的合作模式，支持国际金融资本成立各类“一带一路”绿色投资基金，共同做大绿色项目资金池。

二 绿色金融市场完善机制

目前，“一带一路”沿线国家在绿色金融市场建设方面普遍存在三大短板，即绿色金融市场的基础设施建设滞后、绿色金融产品的创新性不足、绿色金融的中介服务欠缺，这些问题短板阻碍了绿色金融国际合作的开展。因此，构建绿色金融市场完善机制也是一项基础性工作，是“一带一路”绿色金融国际合作机制设计的重要内容。

一是加快推进绿色金融基础设施的互联互通。金融基础设施是金融市场稳健高效运行的基础性保障，是实施宏观审慎管理和强化风险防控的重要抓手。在充分弥补本国绿色金融基础设施短板的同时，沿线各国可增设金融机构在“一带一路”沿线的分支机构、物理网点，加强绿色金融业务的跨境合作。要借助金融科技最新手段，积极开展跨境金融支付业务，在这一点上，我国可以依托金融科技方面的优势，在沿线各国推广“绿色金融科技”模式。鼓励各国之间相互开设离岸货币市场，不断完善货币间结算业务。

二是共建绿色金融产品创新研发机构。当前，“一带一路”建设中的绿色金融产品主要还是服务于大型产业项目，产品工具类型较为单一，并且适配性、创新性不足。“一带一路”绿色金融市场要保持可持续性发展，就必须跳出“唯大项目”的惯性思维，要积极对接中小企业的绿色项目，这样可以营造带动沿线各国企业社会责任、绿色环保意识的氛围。因此，建议跨国金融机构与东道国金融监管当局共建绿色金融产品创新研发机构，一方面，助推绿色金融在当地科学布局，重点加强在清洁能源、绿色建筑、生态农业、新能源汽车、垃圾处理等领域的支持力度；另一方面，不断完善绿色金融产品工具包，缓解当地中小企业绿色项目的融资难题，缓解当地科技型企业绿色技术创新的融资难题。

三是搭建绿色金融中介服务平台。绿色金融中介服务有助于打通金融机构与绿色企业之间的沟通渠道，降低金融机构投资成本，实现绿色资金高效配置。搭建绿色金融中介服务平台至少可以实现以下几点功能：发现东道国绿色项目的潜在投资机会；建立东道国绿色项目与境外金融机构和资本市场连接的桥梁；发现区域金融机构投资绿色化路径；宣传绿色金融实践经验，联合高端智库机构开展关于绿色金融产品创新、国际碳金融、绿色金融科技、绿色科技项目孵化等绿色金融前沿问题研究。除此之外，绿色金融中介服务平台还可开展绿色金融评估，帮助金融机构有效甄别融资项目的环境风险、真实经营绩效，不断强化绿色金融风险的数据监测和评估机制，逐步建立绿色金融评估体系框架。

三　绿色金融风险防范机制

防范化解金融风险是金融工作的本质任务，绿色金融国际合作中同样存在金融风险，因此构建绿色金融风险防范机制是实现绿色金融稳定发展的重要保障。该项机制主要包括信息平台建设、风险监管合作、风险联合防治等内容。

关于“一带一路”绿色金融信息平台建设，主要任务有两大方面，一是平台建设及日常运维，二是数据信息共享。建议绿色金融信息平台可依托国家信息中心“一带一路”大数据中心现有基础，亚投行、丝路基金为主协调，联合多边金融机构、沿线各国金融监管部门、亚洲金融合作协会，技术支持由丝路国信大数据技术有限公司负责。整个信息共享平台的建设、后期维护费用由“一带一路”沿线各国、主要金融机构以及社会组织共同承担。基础性共享数据可包括四大类：东道国法律数据（涵盖金融、环境、企业领域）、东道国绿色标准数据（涵盖环境标准、社会信用数据、绿色相关标准）、东道国绿色政策[①]数据（涵盖顶层设计、地方性绿色政策）、东道国环境数据以及环境风险数据（涵盖企业环境信息、公共环境数据）。所有数据由沿线各国统计处理后上传至信息平台，“一带一路”大数据中心再对数据进行分析、归类，为沿线各国共享。

关于绿色金融风险监管合作，一方面，加强多边金融机构与国际权威金融机构的对接，金砖开发银行、亚投行、丝路基金可借鉴世界银行、国际清算银行在全球金融风险评估方面的先进经验，重点研究环境风险、气候风险对金融风险带来的影响，将大数据技术、区块链技术应用到绿色金融风险评估中，设计绿色金融风险提示指标；另一方面，将 ESG 风险评估作为绿色金融风险监管合作的突破口，由“一带一路”沿线各国央行或监管部门负责。具体操作路径可尝试以下措施：“一带一路”沿线国家的金融监管机构可要求跨国公司、机构投资者披露重大 ESG 相关风险；将符合 ESG 评级标准的绿色信用资产纳入央行合格担保品范围；让 ESG 评分较高的企业拥有更低的资本金要求；鼓励金融机构根据绿色评级结果建立企业“白名单”与“黑名单”，以引导金融机构降低对 ESG 评分较低的企业贷款；为长期机构投资者（如社保、保险、养老金和年金机构）明确 ESG 信托责任。

关于绿色金融风险联合防治，在国家层面，要通过硬性约束来规范主权违约风险，保障绿色金融项目的安全，“一带一路”沿线各国可共同组建绿色金融风险联防基金，构建绿色金融风险救助机制，也可将绿色金融风险统筹纳入汇率风险管理或货币互换协议范围，从而降低绿色金融中的汇率风险。在金融机构层面，继续推进“跨境银团贷款”在国际金融市场的风险规避功能，同时鼓励金融

① 绿色政策可从三方面进行梳理，一是财政政策，如碳资产定价、规制，公共投资，PPP，政府担保；二是金融政策，如气候风险定价、绿色金融债券、金融监管工具、机构改革；三是货币政策，如绿色 QE 政策、信贷分配、将绿色证券纳入央行担保品范围。

机构不断完善传统跨境结算及融资、全球资金管理、跨境债券融资、跨境直贷、境外项目人民币贷款等方式，增强境外绿色金融投资的韧性。在企业层面，建立绿色债券资金跟踪机制，探索在企业增设绿色金融服务站，联合开展绿色金融辅导与培训，促进绿色金融资源与产业园区、产业基地等资源对接，推动绿色金融机构精准服务。

第四章　京津冀协同发展的绿色金融支持研究

京津冀协同发展战略是党的十八大以后中央针对全国区域布局最早提出的一个国家重大战略，在实施过程中还相继出台了雄安新区建设、北京城市副中心建设等重大战略。但是近年来京津冀地区大气污染问题突出，解决环境问题，实现京津冀地区绿色发展已经成为京津冀协同发展战略中极其重要的任务，所以本书将在这一章中介绍如何发挥好绿色金融优势，全面支持京津冀协同发展，还将对雄安新区的绿色金融建设提出相关建议。

第一节　京津冀协同发展中的环境问题

自2014年习近平总书记发表"2·26"重要讲话、2015年《京津冀协同发展规划纲要》实施以来，京津冀协同发展战略在多个领域取得了较大进展，例如北京非首都功能疏解、京津冀基础交通一体化、产业转移承接与转型升级，等等。但是，环境问题从京津冀协同发展战略设想之初到现在一直没有得到很好地解决。

一　京津冀地区生态环境问题日益突出

京津冀协同发展承载着多项国家战略任务，解决生态环境问题是重中之重。近年来，我国冬季北方大部分地区持续遭遇严重雾霾，其中京津冀地区又是雾霾影响的"重灾区"。根据《环境空气质量标准》的评价，以2014年为例，监测了京津冀地区、长三角地区、珠三角地区三大重点区域的74个主要城市的空气情况，在空气质量相对较差的前10名城市中，除山东省济南市和河南省郑州市不在京津冀行政区域范围外，其他8个城市全都集中在京津冀辖区。京津冀区域13个重点城市空气质量平均达标天数仅为156天，比全国74个样本城市平均达标天数少85天，达标天数比例平均仅为42.8%；重度及以上污染天数比例为17.0%，高于全国74个样本城市平均值11.4个百分点。

除大气污染外，京津冀地区的土地污染、水资源污染问题也非常严峻。京津冀地区的污染排放量已经大大超过环境承载力的上限，并且污染程度分别为长三角地区的2倍、珠三角地区的3倍。京津冀地区的生态环境问题已经不单单是一个层面的问题，还可能会引发严峻的经济问题和社会问题。所以，《京津冀协同发展规划纲要》明确指出，生态环保问题是京津冀协同发展中必须率先突破的三大重点领域之一。

二 京津冀地区环境污染问题的四大原因

当前我国正处在工业化转型过渡阶段，准确地说是工业化阶段向后工业化阶段过渡，但是在工业化前期注重经济优先发展，而对生态环境问题大量忽视。京津冀地区环境问题严重，深层原因更多是体制机制方面的欠缺，主要包括以下四个方面。

第一，虽然京津冀三地通过政府间协商的方式就地区环境共治问题达成了一致，并签署了相关合作框架协议，但这种协商方式并未上升到现行的法律层面，所以也没有从制度层面改变当前的组织机构形态。京津冀地区通过相互协商、会商机制就可达成共识，无须中央层面或国家部委层面的介入，因此，这种模式在京津冀协同发展的初期阶段实施起来相对自主，也更容易实现。但是这种协商机制的短板也较为突出——缺乏科学而严格的法律供给，致使京津冀三地的生态环境共治机制刚性约束缺失，削弱了政府在协作治理中的责任目标，地方保护主义难以根除，利益协调机制难以落实。

第二，京津冀区域内部功能定位不够科学，导致超大城市人口过度集中、资源过度聚集，出现了“大城市病”。例如，北京作为首都，在行政资源、政策制定、教育医疗、环境资源的调配方面都具有核心地位，这种资源集聚效应吸引了全国各地的人群，最终导致人口稠密、产业过度集中、交通拥堵、空气污染等问题出现。

第三，地方政府过分看重经济总量而忽视经济质量，“唯 GDP 论”的传统观念固化导致传统产能过剩，新兴动能不足。在现行考核机制的惯性思维和长期影响下，相当一部分地级市片面追求 GDP 增长，不注重新发展理念，忽视生态环境保护和新旧动能转换，导致高污染、高耗能项目体量庞大，最终转型难、转型慢。这种情况在京津冀地区并不少见，自然而然带来了日益突出的环境污染问题。

第四，企业绿色生产技术滞后，环境标准约束性不强。京津冀地区许多中小企业的生产技术未达到环保标准，但企业绿色升级改造的主动意愿不强，主要问题在于技改资金不足、风险保障欠缺。另外，在环保检查过程中的现实情况是：不缺环保标准缺执行，不缺环保技术缺责任。对污染企业相关责任人的惩罚机制不健全，为应付环保检查，不少地方政府要求企业临时性整改，采取“一关了之、一停了之”的粗暴抵触手段。

第二节 京津冀协同发展中的绿色金融供求分析

《京津冀协同发展规划纲要》指出，推动京津冀协同发展作为重大国家战略，核心是有序疏解北京非首都核心功能，要在京津冀交通一体化、生态环境保护、产业升级转移等重点领域率先取得突破。作为京津冀协同发展的顶层设计，《京津冀协同发展规划纲要》明确提出了这一国家重大战略的整体布局和发展思路。京津冀协同发展需要保持战略定力，要周密部署、科学行动、稳步推进，即首先完成战略部署的一体化，其次完成行动路径的一体化，最后实现目标标准的一体化。京津冀协同发展的三个重点领域是交通、环保与产业升级转移，最终目标都是实现绿色发展。

一 绿色金融支持京津冀协同发展的现实分析

（一）现实意义

京津冀地区的产业结构优化离不开绿色金融的支持。在京津冀协同发展背景下，“两高一剩”行业将逐步向绿色环保产业有序转移，意味着新旧动能之间的转换。按照产业生命周期理论，往往在产业发展的初期，需要投入大量的资金。从金融机构的角度来看，京津冀地区从以能源化工为主导的经济转向绿色低碳循环经济需要大量的绿色信贷支持。一方面，京津冀地区煤炭占一次性能源比例超过70%，未来清洁能源、绿色项目的研究、开发，以及技术设备的采购和维护都需要绿色信贷、绿色基金、绿色债券的支持；另一方面，京津冀地区的产业结构调整后续会伴随着大规模的环境整治工程，所以在生态治理方面也需要金融机构提供大量的配套资金。

京津冀地区的产业升级也离不开绿色金融的支持。京津冀协同发展意味着简单的产业转移已经无法满足一体化发展需求，必须“腾笼换鸟”进行产业结构升级，从系统上、源头上治理环境污染问题。目前政府出台了一系列政策鼓励企业技术创新、培育壮大新动能和发展绿色循环经济，但这些政策的落地仅仅依靠财政补贴是远远不够的，需要金融资本尤其是绿色资金大力支持。

（二）机遇与挑战

绿色技术创新项目给绿色信贷带来了发展机遇。高耗能、高污染、高排放行业中的绿色创新技术，往往具有资金需求量大、抵押物不足、技术要求较高的特点。金融机构可积极创新绿色金融服务模式，推广绿色银团贷款、知识产权质押、“信用类”绿色贷等金融产品，为一切符合京津冀协同发展重大战略导向的绿色项目提供金融支持。因此，京津冀绿色一体化发展给金融机构绿色信贷带来了广阔的发展空间。

前所未有的政策支持力度推进绿色金融发展。自京津冀协同发展上升为国家战略以来，北京市、河北省、天津市相继推出一系列支持绿色金融发展的举措。例如，在综合性政策推动方面，北京市出台了《关于构建首都绿色金融体系的实施办法》，天津市出台了《关于构建天津市绿色金融体系的实施意见》；在金融生态环境建设方面，北京市、河北省以及天津市滨海新区都将环保信息纳入企业征信系统；在研究机构设立方面，中国人民大学、中央财经大学、河北经贸大学、河北金融学院都陆续组建了绿色金融研究机构。

当然，绿色金融在支持京津冀协同发展中也会面临一些困境，主要有两个方面，一是新旧动能转换接续期企业退出带来的风险。2008 年金融危机后，京津冀地区一直将化解过剩产能（钢铁、水泥、化工行业）作为产业结构升级和环境污染综合治理的首要任务。例如，河北省专门成立淘汰落后产能工作专班，由省长任组长，重点在电力、煤炭、焦炭、钢铁等行业淘汰落后产能，将相关企业整合重组。但值得注意的是，这些产能落后企业一般多为当地的主要经济支柱，这些企业的关闭或退出会给地方经济稳定带来重大风险，同时也会带来职工安置和债务风险等后续问题。这些风险都会影响到当地包括绿色金融在内的大金融生态。二是绿色项目的投资回报率往往不高。无论是节能减排、生态环保，还是发展绿色交通和清洁能源的绿色项目，虽然能够为社会环境带来“正外部性”，但这些绿色项目毕竟不是纯粹的公共产品，投资周期较长并且投资回报率远远低于投资人预期水平，这也是绿色投资需要考虑的一个重要风险因素。

二　京津冀地区的绿色金融供求分析

虽然我国金融总量庞大，但从结构上来看绿色金融比例不高，根据中国人民银行统计，截至 2018 年年底，我国银行业金融机构绿色信贷余额为 8.23 万亿元，仅占所有信贷存量的 7.12%，2018 年绿色企业上市融资和再融资合计 224.2 亿元。因此，在以银行信贷为主导的金融供给体系中，我国的绿色金融发展仍在起步期。

就京津冀地区而言，在绿色金融供给存量方面要高于全国平均值，但绝对占比仍然偏低。截至2018年年底，我国绿色信贷、绿色债券、绿色信托、绿色PPP等绿色金融产品交易额为20.54万亿元，其中京津冀地区为3.08万亿元，占比为15.02%；按照信贷余额、债券发行额、PPP投资额测算，全国金融供给总量为205.61万亿元，其中京津冀地区为20.42万亿元，占比9.93%。[①] 按照表4-1的口径计算，全国金融供给总量中绿色金融占比为11.66%，京津冀地区的绿色金融占比为16.05%。从全国范围内来看，京津冀地区绿色PPP的投资比例过低。详见表4-1。

表4-1　　2018年全国及京津冀地区绿色金融供给情况

类别	常规项目（万亿元）	绿色项目（万亿元）	绿色金融占比（%）
信贷余额（全国）	115.59	8.23	7.12
信贷余额（京津冀）	15.82	2.27	14.38
债券发行额（全国）	23.02	0.26	1.13
债券发行额（京津冀）	0.72	0.0132	1.84
PPP投资额（全国）	22.76	10.33	45.38
PPP投资额（京津冀）	1.46	0.61	41.69
碳交易（全国）	—	0.0036	—
碳交易（京津冀）	—	0.0006	—
全国总量	161.37	18.82	11.66
京津冀总量	18	2.89	16.05
京津冀占全国比重	11.15%	15.36	—

资料来源：中国人民银行、Wind数据库。

① 文中所指的是绿色金融产品交易数据，表中所指的是“绿色项目”，二者数据接近，但不完全一致。

在京津冀地区绿色金融的需求方面，参照《京津冀协同发展规划纲要》的内容，京津冀在产业转型升级、生态环境保护、疏解非首都功能、交通基础设施一体化等方面存在巨大的绿色金融需求。具体来看，在产业转型升级方面，根据《"十三五"时期京津冀国民经济和社会发展规划》《关于加强京津冀产业转移承接重点平台建设的意见》，以及2019年京津冀协同发展项目对接会成果进行综合估算，未来三年产业转型升级的资金投入大约还需2万亿元。在京津冀生态环保方面，根据北京、天津、河北"十三五"发展规划、污染防治攻坚战进度表以及发改系统、环保系统重大项目梳理，预计2019—2022年大气污染防治投资额分别为500亿元、300亿元、900亿元，水污染防治投资额分别为150亿元、100亿元、150亿元，土地污染防治投资额分别为80亿元、60亿元、100亿元，生态保护投资额分别为700亿元、300亿元、500亿元，所以生态环保这部分资金需求预计3840亿元。在疏解非首都功能方面，北京通州区187个重点项目、"双百工程"估计需要投入5000亿元左右；参照《河北雄安新区总体规划》，雄安新区建设的绿色融资需求保守估计在1000亿元；参照《关于天津市促进承接北京非首都功能项目发展的政策措施》《主动服务非首都功能疏解引领河北高质量发展三年行动计划》，天津、河北承接北京非首都功能，在京津冀2.0时代还需要1万亿元左右。综上所述，粗略估计绿色资金需求在3.8万亿元，如果考虑到资金杠杆作用，以及稳妥保障京津冀地区绿色发展需要，2019—2022年京津冀地区的绿色金融需求在6万亿元左右。

关于京津冀地区绿色金融资金缺口，假设将7.6万亿元绿色资金需求在2020—2022年平均分摊，则每年绿色金融需求约为2.5万亿元。以2018年京津冀地区绿色金融供给为基准参考，按照过去5年绿色信贷、绿色债券、绿色PPP、碳金融的历史平均增速（大致为6%），预测2020—2022年京津冀地区仍存在一定缺口，尤其是天津市的绿色资金缺口较大。具体如下表4-2所示。

表 4-2　　2020—2022 年京津冀地区绿色金融资金缺口

地区	绿色金融需求（亿元）	绿色金融供给（亿元）	资金缺口（亿元）	资金满足率
北京市	25000	11267	13733	45.07%
天津市	15000	3083	11917	20.55%
河北省	20000	9455	10545	47.27%
合计	60000	23805	36195	—

第三节　银行业金融机构支持京津冀绿色发展的策略

京津冀协同发展战略开展六年来，总体来说成效显著，绿色金融与能源产业实现精准对接，京津冀区域绿色发展指数稳步上升，区域内新兴绿色产业发展取得有效突破。但看到发展成绩的同时，还要注意到京津冀协同发展已经步入 2.0 时代，未来绿色金融需求仍然较大，特别是雄安新区建设、北京通州城市副中心建设都需要庞大的绿色资金。因此，未来绿色金融支持京津冀一体化发展还应持续发力、稳扎稳打。

为了更好地支持京津冀协同发展，商业银行应保持超前意识，在发展定位上，应建立健全可持续的绿色金融战略、优化创新契合京津冀发展的绿色金融产品，全方位支持京津冀协同发展战略的新一轮推进。此外，商业银行在支持京津冀绿色一体化发展过程中还应聚焦三大目标：一是深入践行 ESG 发展理念，塑造商业银行良好社会形象；二是抓住京津冀协同发展窗口机遇，促进企业绿色技术创新和地区绿色发展；三是优化绿色金融产品结构，有效抵御违反环保政策带来的风险。

总体而言，在绿色金融支持京津冀绿色协同发展过程中，商业银行主要可以采取以下三方面策略手段：第一，通过控制额度、提高利率、严格准入的信贷政策抑制“两高一剩”企业发展；第二，通过完善自然环境成本估量方法，科学控制包括绿色信贷、绿色债券、绿色投资等所有绿色金融产品在内的环境风险敞口；第三，用足用好绿色产业、绿色金融支持政策，群策群力，探索绿色金融可持续发展的有效路径，最终实现政、银、企的多方共赢。在京津冀协同发展战略向纵深推进的过程中，作为商业银行应主动对接国家战略，以京津冀绿色一体化为契机，完善内部改革和管理机制；同时要继续强化绿色金融理念，将绿色标准贯穿到商业银行日常经营和发展的全过程，加大商业银行对绿色信贷、绿色基金、绿色债券等方面的资源投入。具体包括以下两大方面。

一方面，不断加大绿色金融支持力度，推动京津冀一体化的特色产品和金融服务创新。抓住京津冀协同发展这一国家重大战略的机遇期，深化银行机构调整，鼓励绿色金融产品创新，实现“由绿到金”的“三个一体化”战略转型。

第一，深化一体化的绿色金融产品、绿色金融服务、绿色金融风险管理。商业银行在京津冀协同发展进程中，一是要对标对表“赤道银行”，积极采用国际通行的赤道原则（Equator Principles，EPs）进行授信，逐步限制不符合“赤道原则”中环境和社会标准的企业信贷；二是要积极拓展绿色金融债券业务，推出“京津冀协同发展”专题绿色债券，创新绿色债券模式；三是积极开展绿色金融资产证券化业务，重点支持京津冀地区中小企业绿色项目通过资产证券化方式融资。此外，大型商业银行作为全牌照金融机构，可组建“京津冀绿色产业基金”，构建绿色投资者全链条服务网络，为环保型企业 IPO 提供绿色服务通道，针对京津冀地区能源化工行业设立环境成本核算体系和数据库等。同时，商业银行要注重从京津冀地区产业结构转移和区域性风险的角度出发，对北京、天津、河北的金融产品及环境风险、自然资本进行综合评估和控制，定制符合京津冀一体化发展的绿色金融产品和环境风险防控模型。

第二，提升一体化的支付与结算能力。京津冀协同发展的一个重要内容就是公共基本服务均等化、基础设施建设一体化，因此金融机构要在这两篇文章上下足功夫，建立一体化的支付和结算服务体系。要在绿色交通、绿色 ETC、智慧交通、智慧城市、绿色公共服务方面发力，不断完善绿色支付清算与结算，逐步建立全工具、全天候、一体化的现代化支付结算通道。

第三，完善一体化的碳金融交易市场。碳金融是指服务于旨在降低温室气体排放的各类金融制度安排和金融交易活动，涉及碳排放权及其衍生品的交易和投资、绿色项目开发的投融资等其他相关金融中介活动。目前，京津冀地区已逐步建立相关碳金融交易市场，2008 年中石油和天津市共同组建天津排放权交易所，2013 年北京成立环境交易所碳排放权交易中心，2010 年河北省组建河北环境能源交易所。但京津冀的交易所业务量不大，碳金融产品种类少且存在部分趋同现象，所以商业银行要及时介入，积极融入京津冀一体化碳交易市场建设。在这方面，商业银行首先要练好内功，加强碳金融专业人才队伍建设，择机推出京津冀一体化低碳金融产品，提高碳交易中间业务创新水平，同时还应注意企业“漂绿”现象，有效甄别低碳环保项目，防范碳金融业务风险。

另一方面，银行业金融机构要围绕绿色金融进行经营转型。毫无疑问，金融回归本源，支持实体经济发展是所有金融机构未来的工作轴心，就京津冀地区而言，则是要主抓绿色金融支持京津冀协同发展，绿色金融支持区域内绿色产业和生态项目，支持京津冀企业绿色转型发展。

在这里举一个华夏银行支持京津冀协同发展的例子，华夏银行对绿色金融实施了特殊政策：开辟绿色审批通道，设有绿色金融项目专职审批官，特别规定绿色项目原则上 3 个工作日内反馈评审意见，大幅提高审核效率；核定绿色金融专项规模，从新增贷款规模中划出 30% 的额度支持区域绿色项目发展。华夏银行采取“总部授信”的业务模式，即华夏银行总行对绿色企业总部进行授信，各项目由总行来协调异地管理，由此打破了跨省跨地区的融资障碍，短时间就可以拿到绿色信贷资金。目前，华夏银行已经在能效融资、清洁能源融资、环保融资和绿色装备供应链融资四大领域建立了包括绿色信贷、绿色租赁、绿色投资、绿色债务融资工具承销在内的产品体系，开发了包括国际金融组织转贷款、绿色项目集合融资、能源综合系统化服务、光伏贷、排污权抵质押融资、碳金融、合同能源管理融资在内的一系列特色产品，为京津冀地区节能环保、清洁生产、清洁能源产业等客户提供高效便捷的绿色金融服务。

因此，京津冀地区银行业金融机构要围绕绿色发展主动求变。一是要精准识绿。要在银行业金融机构探索推进绿色项目精准化识别体系，将绿色项目的甄别和审核前置到授信预审环节并贯穿到绿色信贷全流程。二是要借力助绿。虽然京津冀地区尚未开设国家级绿色金融试验区，但要积极学习其他五家绿色金融试验区的先进经验，重点学习浙江省湖州市的绿色金融产品项目。三是要转型专绿，集中力量推进国家级绿色金融创新试点工作。实践表明，特色金融国家级试验区的落地对于整个区域的金融生态优化有非常明显的作用，例如湖州的绿色金融、台州的小微金融、兰考的普惠金融、武汉的科技金融等，近期甘肃省兰州市也争取到了中国绿色金融改革创新试验区。因此，京津冀地区的地方政府要主动和金融机构联合争取国家级绿色金融创新试点。

第四节　绿色金融支持雄安新区绿色发展的路径分析

京津冀协同发展战略的重要一环就是雄安新区建设，如果我们称京津冀协同发展步入 2.0 时代，那么毫无疑问，雄安新区建设就是京津冀 2.0 时代的主要任务。围绕雄安新区这个京津冀世界级城市群的重要一极来研究绿色金融的支持路径，对于全国而言具有示范价值。

一 雄安新区绿色金融发展现状

（一）雄安新区绿色发展的定位与展望

《河北雄安新区规划纲要》是雄安新区发展的基本依据，其中一项基本要求即是绿色发展，“绿色”一词在整个规划纲要中出现42次之多。《河北雄安新区规划纲要》中设计的38项新区规划主要指标中，绿色发展指标就有18项之多。另外，根据发展规划制定的四大战略定位，打造“绿色生态宜居新城区”排在第一位次，在规划操作细节所涉及的绿色基础设施、绿色智慧城市、绿色建筑、绿色交通、环境治理、新能源等众多绿色项目都是未来绿色金融的投资重点。根据《河北雄安新区规划纲要》的内容，本书分类整理了规划中关于绿色发展的内容，主要有六个方面，具体如表4－3所示。

表4－3　雄安新区规划绿色发展内容

类别	主要内容
绿色生态空间	统筹城水林田淀系统治理，加强白洋淀生态环境建设，恢复“华北之肾”功能；大规模植树造林；推动区域流域协同治理
绿色产业布局	主要承接北京非首都功能，在高端服务业方面，重点承接软件和信息服务、设计、创意、咨询等领域的优势企业，以及现代物流、电子商务等企业总部。在高技术产业方面，重点承接新一代信息技术、生物医药和生命健康、节能环保、高端新材料等领域的央企以及创新型民营企业、高成长性科技企业
绿色生态农业	建设国家农业科技创新中心，建设现代农业设施园区。发展创意农业、认养农业、观光农业、都市农业等新业态，建设一二三产业融合发展示范区
绿色消费倡导	优化能源消费结构，终端能源全部为清洁能源
绿色基础设施	推广绿色低碳的生产生活方式和城市建设运营模式，推广绿色建筑、绿色建材，使用先进环保节能材料和技术工艺标准进行城市建设，营造优质绿色市政环境，加强综合地下管廊建设和海绵城市建设，同步规划建设数字城市，筑牢绿色智慧城市基础

续表

类别	主要内容
环境治理体系	推动区域环境协同治理。新区及周边和上游地区协同制定产业政策，实行负面清单制度，依法关停、严禁新建高污染、高耗能企业和项目。构建新区生态安全格局，规划建设“一淀、三带、九片、多廊”，形成林城相融、林水相依的生态城市

资料来源：作者根据《河北雄安新区规划纲要》整理。

（二）绿色金融支持雄安新区所面临的困境

第一，雄安新区的产业呈现出“底子薄、污染高”的短板。雄安新区位于河北省保定市附近，规划地域包含的雄县、容城、安新三县及周边乡镇现有经济基础薄弱，开发程度较低，并且这块区域所涉及的县区 GDP 总量较小，地区的财政收入在近两年下滑明显。此外，雄安新区现有的产业结构、产业类型也比较落后，中小微企业的数量占比超过 95%，并且大多数企业属于重污染行业，“小散乱污”的整体企业框架给下一步环境综合治理带来不小难度。所以说，雄安新区当前粗放发展的产业结构现状、“底子薄、污染高”的短板决定了雄安新区下一步绿色转型的紧迫性、必要性、艰巨性。

第二，雄安新区的金融综合发展水平较低，当地金融机构潜在的环境风险较高。主要表现为三个方面：一是整个新区的金融体系结构单一，金融产品工具匮乏且创新力不足。现有金融机构的配置与我国绝大多数县区无明显差异，基本以四大国有银行县支行、邮政储蓄银行、农商行为主，几乎没有其他类型的金融机构。此外，资金外流现象比较严重。二是民间融资欠规范，主要依靠非正规金融渠道，地方金融市场监管压力很大。雄安新区内许多重污染民营企业靠民间借贷融资，极易产生担保圈、担保链风险。三是当地银行业对“两高一剩”企业贷款的存量占比较大。截至 2018 年年末，雄安新区传统制造业、采矿业的银行贷款余额比重依然偏高，其中不少还属于“两高一剩”企业。随着雄安新区规划布局的逐渐清晰和产业结构的转型升级，现存“两高一剩”的中小企业多数都会面临关停、异地搬迁、兼并重组或转型升级。因此，下一步雄安新区金融机构也亟须解决这些问题，即如何实现存量贷款从“两高一剩”行业稳步有序退出，如何应对绿色发展背景下的民营污染企业不良贷款暴露风险，如何把握好绿色金融支持雄安新区的主攻区域和重点领域。

第三，新区绿色金融的外部资源有限，支持力度还不够大。目前雄安新区的整体经济水平很有限，所以经济体量小自然金融水平低，金融市场规模也相对较小。雄安的金融业务和金融资产多数集中在传统银行业市场，而在期权期货、融资租赁、信托基金、财富管理等金融市场和金融业态发展方面基本处于尚未起步状态。另外，建设雄安新区是集全国之力重点推进的国家战略，从经济薄弱的县区到引领全国经济高质量发展的新引擎，这种巨大的反差势必会对当地绿色金融体系的建设提出更快、更高、更新的要求。但是，目前雄安新区的金融资源和人才资源都极为有限，如果绿色金融要在短时间内满足需求，则必须寻求外部资源支持。这些资源包括但不限于：外部智库协助制定“雄安新区绿色金融发展规划”；外部金融机构以绿色信贷、绿色保险、绿色债券、绿色基金的形式支持新区绿色项目；外部金融机构在新区设立区域总部机构；外部大型绿色企业到新区投资重大绿色基础设施、绿色建筑等项目；外部科技创新团队到新区企业推广绿色技术创新的应用。

二　国内外“重要新区”绿色发展实践

（一）英美日重要新城的绿色实践

雄安新区设立的初衷之一就是打造北京非首都功能疏解集中承载地，放眼全球，许多发达国家也为了解决“大城市病”问题建设新城，不过在这些案例中既有成功典范，也有不少失败教训。[①] 本书筛

① 国外城市衰落代表：美国汽车城底特律、巴西的巴西利亚、韩国的世宗市、哈萨克斯坦的阿斯塔纳。

选出了英国、美国、日本在20世纪六七十年代开发新城的成功案例，以及这些新城的绿色发展经验，以表格形式呈现（见表4－4）。

表4－4　　全球重点新城开发及绿色发展状况

新城名称	米尔顿·凯恩斯	哥伦比亚新城	新宿副中心
国别	英国	美国	日本
建立时间	1971年	1963年	1960年
发展定位	充满机会和选择自由；交通便利通达；平衡与多样性；创造吸引人的城市；公众参与；高效及创造性地利用资源	建设活力社区；以人为本；强烈的环境意识	商务功能为主，打造功能综合的城市循环系统
初始状况	名不见经传的小村庄，人口4万	大片森林和乡村，人口5万	连接东京和周边地区的交通枢纽
发展现状	英国经济重镇；第三代新城建设的典范；人口25万；88平方千米	美国公认的最成功的新城开发项目，人口11万；60平方千米	东京国际大都市的副中心；人口33万；18平方千米
绿色发展经验	绿色产业支撑，注重经济社会平衡，加强资源与环境保护	高度重视自然环境和人文环境，共享环境资源，交通方式协调发展	功能综合又相对独立的城市副中心；政府与市场机制充分结合

资料来源：作者整理。

（二）国家级新城新区的绿色实践

客观而言，我国的国家级经济特区、试验区、自贸区、开发区数量很多，但能够与雄安新区规划这种千年大计相提并论的，目前并不存在。所以，本书选择与雄安新区最为接近的深圳特区、浦东新区进行对比借鉴，并将绿色金融改革创新试验区一并作对比分析。具体如表4－5、表4－6所示。

三　绿色金融支持雄安新区的具体建议

结合雄安新区的绿色发展现状、问题，以及国内外新区建设的绿色发展经验，本书提出绿色金融支持雄安新区建设的三条建议。

表 4-5　　　　国家级新区开发及绿色发展情况

新区名称	深圳特区	浦东新区	雄安新区
建立时间	1980 年 8 月	1992 年 10 月	2017 年 4 月
发展定位	改革开放的窗口与试验田，带动珠三角地区崛起	深化改革开放，带动长三角及整个长江流域经济崛起	非首都功能缓解，京津冀世界级城市群建设
规划面积	123 平方千米扩增至 1997 平方千米	533 平方千米扩增至 1210 平方千米	起步区 100 平方千米，规划面积 1770 平方千米
初始状况	常住人口 31.41 万；GDP1.79 亿元（占广东比重 0.85%）	户籍人口 133.94 万；GDP60.24 亿元（占上海比重 8.1%）	常住人口 104.71 万；GDP195.2 亿元（占河北比重 0.54%）
发展现状	常住人口 1252.83 万；GDP1.95 万亿元（占广东比重 21.7%）	常住人口 552.84 万；GDP8732 亿元（占上海比重 31.8%）	—
绿色发展经验	国家首批低碳试点城市和碳排放交易试点城市；深圳国际低碳城项目	绿色能源利用试验区、低碳环保居住试验区	—

资料来源：作者整理。

一是构建雄安新区绿色科技创新投资中心。推动新区绿色发展需要有先进的绿色科技作支撑，可以在雄安新区打造以绿色科技为抓手的创新资源载体，吸引一批全球领先的绿色科技跨国企业、绿色科技中心落户雄安新区，逐步形成世界一流的绿色科技研发机构和示范样板。同时，充分调动绿色金融、科技金融资源，畅通企业直接融资渠道，促进雄安新区绿色技术创新集群式突破。具体路径如下：一方面，以更加开放的姿态放开市场准入。如果要打造全球顶级的绿色科技创投中心，就要大胆利用外资、集合全球智库来推动中心建设，要重点在节能减排、应对全球气候变化等关键领域逐步建立国际话语体系，构建我国绿色技术产业标准，并将此标准积极与国际对接，在发展中国家和“一带一路”沿线国家推广。另一方面，打造绿色科技人才高地。要充分树立“以双创者为本”的理念，设立绿色科技人才扶持基金。要注重团队式培育，重点支持拥有从绿色技术创新到系统集成、工程化和产品化的人才团队；要注重建设行业领军人才队伍，重点支持在绿色科技前沿技术领域拥有雄厚创新积累的技术专家；要注重新秀人才培养，重点支持在新兴绿色产业技术领域崭露头角的后起之秀。

表4-6　　国家级绿色金融改革创新实验区发展情况

省份	发展特点	发展定位	相关经验
浙江	推动产业转型升级	湖州市主推绿色产业创新升级；衢州市主推传统产业绿色改造转型	两市出台了涵盖全部门的考核机制，出台财政政策支持清单；湖州市被视为全国绿色金融发展标杆
广东		绿色金融与绿色产业协同发展示范区，粤港澳大湾区绿色金融合作平台	“1+4”新配套政策体系
贵州	生态资源良好，避免“先污染后治理”的方式	探索落后地区后发赶超新路径	抓好绿色发展“绿色金融+六个绿色+五个结合”
江西		打造以绿色金融为特色的江西现代金融服务体系	金融集聚的绿色金融示范街
新疆	丝绸之路经济带核心区，探索可持续发展新模式	围绕“一带一路”建设绿色金融发展示范样板	绿色项目库管理制度

资料来源：作者整理。

二是打造绿色基础设施及绿色建筑投融资引领区。根据世界银行的一份研究报告，目前全球七成的碳排放来自基础设施及建筑物，所以绿色金融要优先支持的重点领域应该是排放少、能耗小的绿色基础设施与绿色建筑，即支持基础设施与建筑物的节能减排。雄安新区作为一座新城，在未来五年的大部分投资都会集中在新的城市公共基础设施、建筑楼宇等项目上，因此绿色金融在这一领域的发展空间将会很大。建议雄安新区金融机构应谋划好绿色金融支持方向，促使各类绿色金融产品所提供的资金重点服务于绿色基础设施及绿色建筑。具体而言，要积极创新绿色金融产品，推出一套支持城市污水和固废处理、绿色清洁能源、地铁轻轨、地下城市综合管廊、分布式光伏、绿色建筑楼宇等项目的绿色融资模式，将新区建成全国绿色基础设施及绿色建筑投融资引领区。作为绿色智慧城市基础设施建设的试验田，雄安新区未来拟投建绿色项目种类繁多，每个绿色项目的资金需求特点千差万别，常规的融资模式也不尽相同，特别是绿色基础设施建设的投资规模很大、周期也比较长，更需要采用综合性、灵活性的绿色融资方案。

三是建立有新区特色的绿色金融体系。充分借鉴目前我国五大绿色金融创新试验区的经验，对于一些符合新区实际的运行机制或先进做法完全可以复制过来，节约学习成本。例如绿色担保和贴息机制、通过生态补偿机制鼓励绿色项目、发展环境权益抵质押融资、创新包括外资在内的绿色 PPP 模式等。具体而言，第一，加快形成绿色金融激励政策工具包，例如绿色担保、征信、贴息等，充分解决绿色项目的融资难题，提高绿色项目投资收益率，吸引更多的社会资本、金融资本进入绿色行业。第二，拓宽融资渠道、丰富融资工具，鼓励绿色企业借助多层次资本市场、国际资本市场进行融资。鼓励符合条件的绿色企业发行绿色债权。推动绿色项目投融资主体多元化，拓宽绿色融资渠道，组建雄安新区绿色产业投资基金。第三，加快传统金融工具的绿色创新。充分发挥绿色保险作用，通过保险债权投资计划参与雄安新区内投资金额大、周期长的基础设施建设或重大绿色项目建设。第四，加强环境信息披露和使用。进一步强化企业环境信息披露要求，践行企业社会责任，引导金融市场将更多的资源配置于新区的绿色项目，为生态补偿机制的完善提供数据支撑。

第五章　长江经济带产业转移的绿色金融支持研究

长江经济带建设是党中央着眼发展全局作出的重大发展战略，2016 年 1 月、2018 年 4 月，习近平总书记分别在重庆、武汉召开推动长江经济带发展座谈会，提出坚持生态优先，把修复长江生态环境摆在压倒性位置。在整个长江领域范围内，既有我国经济最具活力的长三角地区，也有经济相对落后的中、上游地区，流域内各省之间存在比较明显的产业梯度，非常容易形成区域间产业转移。本书重点关注的是这些产业转移会不会夹带污染，对长江经济带的生态环境会产生什么影响，如何把握好产业转移与生态保护间的平衡关系，能否借助绿色金融的力量实现产业绿色转移。相信这些内容有助于判断产业转移对长江经济带已经产生的和潜在的环境影响，为政府部门推动长江经济带绿色发展提供决策参考。

第一节　长江经济带绿色发展的综合研判

近年来长江经济带“共抓大保护”的格局已经基本建立，沿江各省都制定了相关规划、政策，开展了一系列专项整治行动，例如解决了上游饮用水源地污染的问题，破解了“化工围江”难题，排查出固体废物点位 1376 处，拆除非法码头 959 座等。总体来说，长江经济带的生态保护工作取得了明显效果，不过仍然存在一些困难和制约因素。

一　长江经济带绿色发展面临的四大困境

第一，对长江经济带生态保护和绿色发展的认识仍有片面之处。长江经济带发展战略实施以来，各级领导对“共抓大保护、不搞大开发”的认识不断深化，但有一些地区的干部片面地将不搞大开发与经济不发展画上等号，这本质上是没有科学地认识经济发展和环境保护的辩证关系。还有一些错误观点认为“保地区经济增速就要适度污染环境”，这是典型的、传统的先污染后治理、先破坏再修复的错误观念，本质上还是对“生态优先、绿色发展”的认识不到位。另外，一些地区对生态修复项目的推进力度还不够大，主动破解绿色项目融资难题的积极性不高。

第二，长江经济带的生态环境形势依然不容乐观。流域生态功能退化依然严重，长江“双肾”洞庭湖、鄱阳湖频频干旱见底，接近30%的重要湖库仍处于富营养化状态，长江生物完整性指数到了最差的“无鱼”等级。沿江产业发展惯性较大，污染物排放基数大，废水、化学需氧量、氨氮排放量分别占全国的43%、37%、43%。长江岸线、港口乱占滥用、占而不用、多占少用、粗放利用的问题仍然突出。流域环境风险隐患突出，长江经济带内30%的环境风险企业位于饮用水源地周边5千米范围内，生产储运区交替分布。干线港口危险化学品年吞吐量达1.7亿吨、超过250种，运输量仍以年均近10%的速度增长。同时，出现了一些新问题，比如固体危废品跨区域违法倾倒呈多发态势，污染产业向中上游转移风险隐患加剧，等等。

第三，长江生态协同治理机制还不健全。保护修复长江生态资源是一项复杂性大工程，需要系统治理、协同治理、源头治理，但目前统分结合、协同推进的治理体系还不健全，自身治理多，协同治理少，缺乏流域治理“一盘棋”思想。此外，市场化生态补偿机制、生态环境硬约束机制、生态环境法治机制都不够完善，导致长江流域生态环境共保联治的进展速度缓慢。

第四，财政金融支持长江经济带绿色发展的力度还不够。目前，针对长江经济带生态环境保护从中央到地方都安排了专项资金，但资金规模都不够大，没有充分发挥集中力量办大事的制度优势，尤其是涉及长江流域生态环境保护资金安排的统筹力度不强、整体效率不高。政策性金融、开发性金融、商业性金融机构的支持力度有待提高，绿色金融支持长江经济带的功能没有充分激活，企业和社会资本参与长江经济带建设的积极性不高。

二　长江经济带绿色发展的内在逻辑

第一，科学处理好长江经济带整体布局和重点任务之间的关系，全面推进长江经济带绿色发展。要从山水林田湖草这一大生态系统的整体性以及整个长江流域的系统性出发，对整体布局通盘考虑，增强各项举措的关联性、协同性、耦合性，防止畸重畸轻、单兵突进、顾此失彼。整体推进并非平均发力，而要同时注重某些领域的重点突破，针对重点问题和关键环节“对症下药”，争取做到全域与局部相互配套、治本与治标相互结合、渐进与突破相互衔接，正确把握长江经济带整体布局和重点任务，进而实现整体推进和重点环节相统一。

第二，科学处理好经济发展与生态保护之间的关系，探索协同推进长江流域生态优先、绿色发展的新路径。要牢牢把握长江经济带的根本性工作，即共抓大保护、不搞大开发，践行生态优先、绿色发展。要明确其中的内在逻辑关系，共抓大保护和生态优先是侧重长江流域的生态环境保护问题，这是根本前提；不搞大开发和绿色发展是侧重长江流域的经济发展问题，这是最终结果；共抓大保护、不搞大开发讲的是当前推进长江经济带的策略方法；生态优先和绿色发展则是强调未来实施长江经济带战略的方向路径，相互之间是辩证统一的。探索协同推进长江流域生态优先、绿色发展的新路径，关键是要贯彻好习近平生态文明思想，把握好绿水青山与金山银山的关系。长江流域生态修复的成败归根到底取决于长江流域经济结构与经济发展方式。发展经济不能对资源和生态环境竭泽而渔，生态环境保护也不是舍弃经济发展而缘木求鱼，要将绿色发展理念贯穿始终，实现长江流域生态、经济、人口、资源协调统一，进而使母亲河产生出巨大的生态效益、经济效益和社会效益。

第三，科学处理好传统动能与新兴动能之间的关系，推动长江经济带高质量发展。新旧动能转换是新时代我国经济迈向高质量发展过程中一个必须解决的重要课题，长江经济带长年累积的旧动能体量大、风险高，动力不足，流域产业依赖传统发展方式和路径的惯性思维巨大。目前来看，长江流域传统产业“量大势弱”与新兴产业“势强力弱”并存，新动能的布局引领不强，因此推进长江经济带绿色转型，必须要稳妥化解这些传统动能，促进流域企业绿色技术创新。要加快淘汰落后动能、改造提升传统动能，加快在主要城市群推动一批重大绿色项目，并带动若干项目，形成优势产业集群。科学处理好传统动能与新兴动能之间的关系，既要关注经济发展新阶段、最新科技前沿，坚持把培育壮大新动能作为塑造竞争新优势的主攻方向，又要坚定不移破除旧动能，以绿色化开辟新动能成长空间，创造更多有效供给。

第二节 长江经济带产业转移的环境效应分析

本节将以长江经济带的107个主要地级市为分析对象，采用偏离份额法分析长江流域的产业转移趋势，并实证分析产业转移过程是否夹带了污染，结合地方发展状况、环境情况、产业特征提出相关建议。

一 分析框架构建与数据方法

本书采用偏离份额法测度长江流域产业转移的情况，通俗来讲，即根据长江经济带各地市产业份额的变化测算该地区产业的相对转移规模，并判断流域内产业转移的趋势。借鉴成艾华等（2018）的测算模型，用“份额变量＋结构偏离分量＋竞争力偏离分量”来量化分析产业转移的动态变化。

采用长江经济带107个地级市2002—2018年的产业转移数据以及环境污染数据构建如下面板模型：

$$\ln P_{it} = \alpha_0 + \alpha_1 \ln DS_{it} + \beta_i \ln City_{it} + \varepsilon_{it} \tag{1}$$

$$\ln P_{it} = \alpha_0 + \alpha_1 \ln DS_{it} + \beta_i \ln City_{it} + \alpha_2 T + \alpha_3 D_1 + \alpha_4 D_2 + \varepsilon_{it} \tag{2}$$

在模型（1）、模型（2）中，$i \in [1,\ 107]$，代表长江流域107个地市；$t \in [1,\ 17]$，代表时间2002—2018年；P_{it}代表环境污染指标，本书选取工业废水（IW）、工业SO_2（ISO_2）、工业烟尘（IST）的排放量反映环境污染情况；DS_{it}代表各地区产业转移量；$City_{it}$为地级市控制变量，包含人均GDP、工业用电量（YDL）、产业结构（IDS）、财政科技支出（TEC）、固定资产存量（FCS）；ε_{it}为随机扰动项。模型（2）比模型（1）分别增加了时间虚拟变量（T）、区域虚拟变量（D）。

考虑到数据的易得性，剔除了数据缺失比较严重的贵州省毕节市、铜仁市以及云南的普洱市后，本书选取了长江经济带沿线11个省份的107个地级市作为样本。书中所有数据的获取来自Wind数据库、长江经济带大数据平台、《中国统计年鉴》《中国城市统计年鉴》，极少数缺失数据从各地市环境统计公报和国民经济发展公报中获取。书中所涉及的货币单位数据，如人均GDP、固定资产投资额等，均以2002年为基期通过GDP平减指数、固定资产指数进行了调整，从而消除物价的影响。

二　长江经济带的产业转移趋势分析

为了便于从宏观层面把握长江流域的产业转移趋势，将长江划分为上中下游进行分析，上游范围覆盖川、渝、贵、滇的30个地级市，中游范围覆盖鄂、皖、湘、赣的52个地级市，下游范围覆盖沪、苏、浙的25个地级市，根据偏离份额法测算出2002—2018年长江经济带各区域产业转移规模，其中正值表示产业转入，负值表示产业转出，具体如表5－1所示。

表5-1　长江经济带各区域产业转移规模　单位：亿元

时间	上游30市	中游52市	下游25市
2002年	-342.27	-677.55	490.82
2003年	-290.06	-739.10	1029.16
2004年	-126.51	31.35	95.01
2005年	-44.09	75.85	-29.61
2006年	247.02	567.40	-812.32
2007年	865.75	1703.6	-2577.42
2008年	1440.65	5113.22	-6546.10
2009年	2044.46	3116.12	-5162.27
2010年	430.89	4423.16	-4848.84
2011年	2705.72	11530.64	-14243.6
2012年	-1427.12	4575.14	-3177.08
2013年	2004.76	4847.22	-6868.17
2014年	1382.14	4013.11	-5396.33
2015年	2980.66	2749.57	-5723.05
2016年	1577.23	2882.68	-4471.98
2017年	1446.75	2605.19	-3983.67
2018年	1039.82	2698.02	-3480.52

从表5-1中可以看出，长江下游地区在过去十多年是主要产业转出区，中游、上游为产业转入区，主要是以长江中游为主。但是这只是从大的流域范围进行分析，并不意味着区域内所有城市都符合这种产业转移趋势。本书按照2002—2018年产业转移的次数对107个地级市进行类比分析，并参照何艳（2019）的分类标准，如果产业转出在10次以上，定义为高转出区；如果产业转出在5—10次，则定义为低转出区。同理，高转入区、低转入区的标准亦然。具体分析结果如下。

第一，在长江流域上游的30座城市中，有23座城市为产业转入区，但四川省的攀枝花市、达州市、乐山市，云南省的昆明市、曲靖市、玉溪市，以及贵州省贵阳市这7座城市为产业转出区。整个长江上游地区的经济发展水平都比较滞后，除了重庆、成都这种国家中心城市外，其他地级市的产业转移规模要比中游城市小很多，未来发展空间还很大。

第二，在长江流域中游的52座城市中，除了安徽省淮南市和湖北省武汉市为产业转出区外，其他50座城市均落入产业转入区。其中，安徽省合肥市、江西省南昌市、湖北省宜昌市等省会城市或核心城市的产业转入规模较大，而普通地级市的产业转移规模较小，反映出长江中游地区核心城市具备更强的产业吸引力。

第三，在长江流域下游的25座城市中产业转移趋势分化比较明显，产业转出与转入的城市各占一半左右，其中上海市、南京市、杭州市等13座重要城市常年处于产业转出区；另外12座城市处于产业转入区，且主要集中在江苏省，具体包括：江苏省的徐州市、连云港市、镇江市、南通市、扬州市、盐城市、泰州市、宿迁市、淮安市；浙江省的舟山市、丽水市、衢州市。

三　长江经济带产业转移的整体环境效应分析

根据模型（1）的Hausman检验结果p值为0.0000，故选用固定效应模型进行回归分析，表5-2呈现了模型（1）的回归分析结果，具体检验被解释变量工业废水（IW）、工业SO_2（ISO_2）、工业烟尘（IST）三者的排放情况，并将此结果作为判断长江经济带产业转移是否夹带污染的标准。

表5-2　　长江经济带产业转移的综合环境效应分析

变量名称	IW	ISO_2	IST
常数	-6.703*** (0.000)	-2.912*** (0.000)	1.354** (0.037)
DS	0.447*** (0.003)	0.318** (0.034)	0.293* (0.088)
GDP	-0.186*** (0.000)	-0.449*** (0.000)	-0.171*** (0.002)

续表

变量名称	IW	ISO_2	IST
YDL	0.197*** (0.001)	0.482*** (0.001)	0.420*** (0.000)
IDS	0.528*** (0.002)	1.271*** (0.001)	0.495*** (0.000)
TEC	-0.064*** (0.003)	-0.055*** (0.002)	-0.040 (0.118)
FCS	0.735*** (0.001)	0.372*** (0.000)	0.256*** (0.002)
R^2	0.713	0.525	0.326
调整 R^2	0.711	0.523	0.324
N	1819	1819	1819

注：其中*、**、***分别代表在10%、5%、1%水平上显著，括号内为估计系数的P值。

通过上述实证检验结果可知，长江经济带产业转移过程中确实夹带了污染。在所有的模型中，产业转移（*DS*）的系数均为正值，且都通过显著性检验，说明长江经济带产业转移与工业废水、工业SO_2、工业烟尘的排放呈正相关关系，即随着产业转入规模的扩大，流域城市的污染排量也会增高。具体分析，产业转移对工业废水（IW）排放的影响最大，其系数达到0.447；产业转移对二氧化硫（ISO_2）和烟尘（IST）排放的影响次之，系数分别为0.318和0.293。

从具体的影响因素来看，对环境污染有正向作用的因素有产业结构（*IDS*）、能源消耗（*YDL*）和固定资产存量（*FCS*）。采用第二产业占GDP比重来代替产业结构，其回归系数显著为正，说明第二产业占GDP比重越大，长江流域环境污染越严重。采用工业用电量（*YDL*）反映能源消耗情况，回归系数也显著为正，从侧面反映出能源消耗对长江流域环境会有负面影响。反之，能够限制环境污染的因素有两个。一是各城市经济水平，检验结果中人均GDP的系数显著为负，反映出随着地区经济水平的提高，人民对美丽环境有了更高的要求，绿色环保意识和舆论监督的增强抑制了企业污染排放。二是财政科技支出，模型中 *TEC* 的系数均为负值，对工业废水和工业 SO_2 都表现为显著。其原因可以解释为，随着财政科技支出的增加，促进了企业绿色技术创新，降低了企业生态环境治理成本，进而企业的污染排放减少。

四　长江经济带产业转移的局部环境效应分析

整体性回归分析只能测度不同因素对长江流域环境污染的综合影响效应，但要在时间和空间上精细化分析，研究长江经济带产业转移的局部环境效应，则需要根据模型（2）加入相关虚拟变量。一是时间虚拟变量，选择 2012 年作为时间节点，因为 2012 年是党的十八大召开的时间，党的十八大正式提出将生态文明建设纳入国家“五位一体”总体布局。因此将时间虚拟变量 T 在 2002—2011 年设为 0，2012—2018 年设为 1。按照长江流域产业转移区域的划分，用 D_1 表示长江下游上海、南京等 25 个城市，设定为 1，其他区域设为 0；D_2 表示长江中游武汉、长沙、南昌等 52 个城市，设定为 1，其他区域设定为 0。在模型（2）的基础上设立模型（3），重新定义区域虚拟变量，D_3 表示产业高转入区为 1，其他区域为 0；D_4 表示低转入区为 1，其他区域设为 0。鉴于高转出区与低转出区的样本数量极为有限，故将两者一同视为转出区，不再单独设虚拟变量。

$$\ln P_{it} = \alpha_0 + \alpha_1 \ln DS_{it} + \beta_i \ln City_{it} + \alpha_2 T + \alpha_3 D_3 + \alpha_4 D_3 + \varepsilon_{it} \qquad (3)$$

加入时间和空间变量的扩展回归分析结果如表 5 - 3 所示。

在表 5 - 3 中，区域虚拟变量 D_1、D_2、D_3、D_4 的系数一一通过了显著性检验，反映出长江经济带污染排放的区域特征比较明显。在模型（2）中 D_1 的系数在被解释变量为废水（IW）排放时为 0.336，而为二氧化硫（ISO_2）和烟尘（IST）时分别为 -0.394 和 -0.211，反映出长江下游城市的废水排放量明显高于其他流域，但二氧化硫和烟尘的排放量却相对较低。另外，从 D_2 的系数上可以看出，长江中游城市的废水（IW）和烟尘（IST）排放量较高，而二氧化硫（ISO_2）排放量较低。综合而言，不同流域的主要污染来源有所不同，长江下游地区的环境污染主要来源于工业废水，长江中游地区的环境污染主要来源于工业废水和烟尘。模型（3）中D_3、D_4的系数均在废水（IW）排放和烟尘（IST）排放上为正数，而在二氧化硫（ISO_2）排放上为负数。这反映出不管是产业转移的高转入区还是低转入区，工业废水和烟尘的排放量都比较高，而二氧化硫的排放量则相对较低。所以可以认为，长江经济带在产业转移的同时也夹带了污染的转移，并主要以废水、烟尘的形式随着产业转移进入转入区，而以工业废气为主要污染排放物的产业并没有大范围转出，仍主要停留在转出区。

表5-3　　长江经济带产业转移的局部环境效应分析

变量名称	模型（2）			模型（3）		
	IW	ISO_2	IST	IW	ISO_2	IST
常数	-7.618*** (0.001)	-3.428*** (0.001)	-1.845*** (0.003)	-8.148*** (0.002)	-1.748*** (0.007)	-0.729 (0.384)
DS	0.257* (0.061)	0.237 (0.103)	0.293* (0.073)	0.311** (0.023)	0.457*** (0.004)	0.346** (0.041)
GDP	-0.232*** (0.001)	-0.246*** (0.000)	-0.268*** (0.003)	-0.153*** (0.001)	-0.384*** (0.001)	-0.272*** (0.001)
YDL	0.183*** (0.000)	0.363*** (0.001)	0.303*** (0.002)	0.190*** (0.004)	0.375*** (0.002)	0.311*** (0.003)
IDS	0.585*** (0.002)	1.147*** (0.000)	0.663*** (0.004)	0.492*** (0.000)	1.230*** (0.003)	0.565*** (0.000)
TEC	-0.029 (0.211)	-0.068*** (0.002)	-0.075*** (0.003)	-0.043** (0.022)	-0.053** (0.13)	0.382*** (0.001)
FCS	0.691*** (0.001)	0.442*** (0.000)	0.432*** (0.002)	0.761*** (0.001)	0.322*** (0.002)	0.340*** (0.003)

续表

变量名称	模型（2）			模型（3）		
	IW	ISO_2	*IST*	*IW*	ISO_2	*IST*
T	-0.124** (0.017)	-0.156*** (0.004)	3.450*** (0.003)	-0.168*** (0.003)	-0.071 (0.192)	0.356*** (0.001)
D_1	0.336*** (0.001)	-0.394*** (0.003)	-0.211*** (0.002)	—	—	—
D_2	0.417*** (0.002)	-0.088** (0.027)	0.279*** (0.000)	—	—	—
D_3	—	—	—	0.184*** (0.002)	-0.313*** (0.001)	0.163** (0.022)
D_4	—	—	—	0.326*** (0.001)	-0.391*** (0.003)	0.132* (0.075)
R^2	0.646	0.485	0.353	0.629	0.502	0.346
调整 R^2	0.644	0.482	0.350	0.627	0.499	0.342
N	1819	1819	1819	1819	1819	1819

注：其中*、**、***分别代表在10%、5%、1%水平上显著，括号内为估计系数的P值。

时间虚拟变量 *T* 在绝大多数情况下都通过了显著性检验，反映出党的十八大以来，各类环境规制对长江经济带的污染排放有一定限制作用。但这种限制作用似乎对不同污染物并不完全相同，从估计系数上来看，工业废水（IW）和二氧化硫（ISO_2）的系数为负，而工业烟尘（IST）的系数为正，说明党的十八大后，长江经济带的工业废水和废气排放量确实有所下降，特别是工业废水的排放量下降明显，不过工业烟尘的排放量依然显著增加。这个实证结果也从侧面说明，环境规制侧重于对长江水资源的生态保护，并且卓有成效，但限制工业烟尘排放的政策效果并不显著。

表5-3中核心变量 *DS* 的系数与表5-2一样，均为正值，同样印证了产业转移与污染转移之间存在正相关关系。其他控制变量的

正负关系也与表5－3保持一致，在进一步验证整体回归分析结果的同时也说明各变量对于长江经济带环境污染的影响是稳健的。

第三节　绿色金融支持长江经济带产业绿色转移的路径

长江经济带实现产业绿色转移的一条基本主线应是优化产业空间布局，统筹整合流域内产业体系、资源体系，逐步形成流域产业分工协作、优势互补的绿色发展道路。要大力推动绿色技术创新，聚力发展高端装备制造业和现代服务业，将绿色发展理念贯穿产业发展始终。

一　绿色金融支持长江经济带产业绿色转移的思路

长江经济带贯穿十一省市三大城市群，要充分挖掘长江经济带各流域各省市的比较优势，综合运用财政政策、产业政策、金融政策、土地政策、环境生态政策等手段，遵循长江经济带各城市发展实际，科学评估沿江各城市资源环境承载力，尽快形成科学绿色、统筹有度的产业布局。要处理好顶层设计与分层对接、政府引导与市场主导的关系，加快推进产业集聚园区、开发区管理模式创新和运作机制创新，完善流域间产业绿色转移服务平台，出台长江经济带产业绿色转移指导目录和负面清单。

绿色金融要全力支持长江流域上中下游的重点绿色项目，及时对接各区域、各城市群的发展规划。从目前来看，长江上游是整个长江流域生态最为脆弱也最为重要的区域，是全国重要的水源涵养区和补给区。上游产业的承接必须要以环境友好为原则，该地区的产业转移目标要以三方面为重，首先是绿色生态保护，其次是脱贫攻坚，最后是乡村振兴，长江上游产业转移的出发点和落脚点都要围绕这三方面任务展开布局，绿色金融的支持定位亦要围绕“产业绿色转移——绿色生态保护——上游脱贫攻坚——乡村振兴”这一思维来开展工作。长江中游地区应重点围绕节点城市，着力打造先进制造业基地，构建有区域特色的产业体系，加快产业转型升级和产业集聚发展。长江下游地区应聚焦创新驱动和绿色发展，重点发展现代服务业、先进制造业和战略性新兴产业，着力建设研发集聚中心和高端制造基地，形成以服务经济为主导、智能制造和绿色制造为支撑的现代产业体系。具体思路如图 5-1 所示。

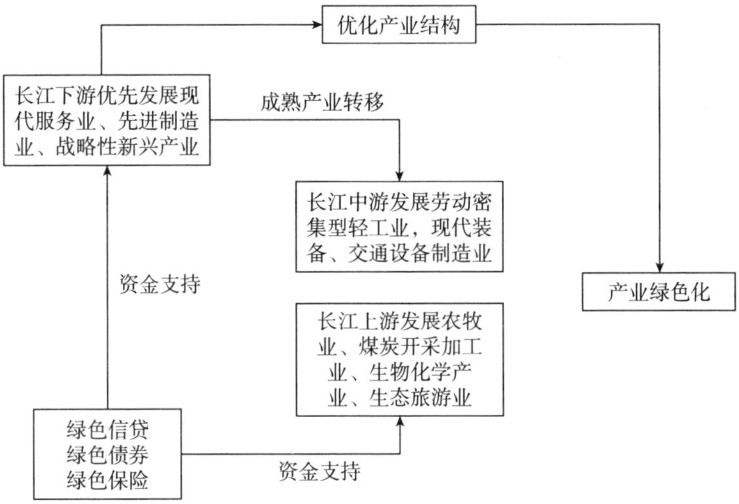

图 5-1　绿色金融支持长江经济带产业绿色转移的路径

二　绿色供应链金融支持产业链发展

绿色供应链金融是一个相对比较新的概念，我国的绿色供应链金融也处于起步期，对于长江流域产业转移而言，金融支持弱化的一个表征就是产业链融资不足，缺乏产业转移的金融产品，尤其是产业绿色转移的金融创新产品滞后。因此，发展绿色供应链金融恰逢其时，能够缓解长江经济带产业转移的环境污染效应，实现产业转移绿色化、产业发展绿色化，进而实现长江经济带的生态绿色化。目前国内比较成熟的绿色供应链金融由兴业银行发起，具体可通过三种模式进行操作。

第一，“供应链金融 + 绿色金融”融合模式。通过运用供应链金融产品及模式，加大对绿色金融领域的相关绿色产业、绿色项目的金融支持，实现供应链金融与绿色金融的有效融合。在绿色金融领域，商业银行可以向客户提供传统流动资金贷款、项目融资、银团贷款以及供应链金融等服务。供应链金融是绿色金融服务重要的融资手段之一：银行一方面可以运用绿色供应链金融服务支持绿色设备生产商的生产与销售、下游企业购买绿色设备；另一方面可以发展绿色产品贸易融资，如用票据、控货融资、绿色产品买方信贷、保理、应收账款质押融资等供应链金融工具，支持下游贸易商或企业采购绿色标识产品，这也是目前绿色信贷的重要方向之一。

第二，“绿色供应链 + 供应链金融”融合模式。银行依托核心企业（品牌企业），在给其上游供应商提供供应链融资服务的过程中，除了考虑财务、技术和市场等因素，也对产业链的中小企业加入环境绩效的考虑，即实现绿色供应链与供应链金融的融合。一种方式是可以依托核心企业的绿色供应链管理，对供应商的绿色评级、评价等提供差异化的融资服务。“绿色供应链 + 供应链金融”融合的模式主要围绕核心企业进行，并且主要由核心企业自发主导，核心企业通过设定供应商的绿色准入标准或者绿色认证等级来对供应商提供不同程度的奖励，并将该评估作为商务采购授信的评估内容之一，以此来激励供应商的绿色行为。同时，与金融机构合作，为不同绿色等级的供应商提供差异化的供应链融资，并且由核心企业向银行担保。在该种模式下，供应商得到了融资便利；核心企业降低了自身的环境风险；供应商得到金融机构的支持后，财务成本降低，也可以一定程度上降低核心企业的采购成本；金融机构在不需要进行额外审查工作的前提下降低了自身的环境风险，同时提升了自身的社会责任价值。

第三，“绿色供应链 + 绿色金融”融合模式。银行加大对绿色供应链管理企业的支持，以金融的手段促进我国绿色供应链管理的发展，实现绿色供应链与绿色金融的有机融合。绿色供应链是将环境保护和资源节约的理念贯穿于企业从产品设计到原材料采购、生产、运输、存储、销售、使用和报废处理的全过程，使企业的经济活动与环境保护成为相协调的上下游供应关系。绿色供应链的核心理念之一就是，通过供应链上核心企业对其上游供应商的环境约束及合作来实现整条供应链的环境共赢，而绿色金融一个重要的内涵就是银行要加大对绿色产业与绿色经济的支持。两者的目标具有一致性，因此通过创新绿色金融的产品和服务来支持绿色供应链的管理有其合理性。

三 绿色金融支持“飞地经济”发展

所谓“飞地经济”模式，是指两个相对独立、经济发展水平存在明显差异的行政区域，打破了原有的行政区域限制，通过跨区域的行政管理和经济开发，促进区域之间资源互补、优势共享，使两地经济协同发展。这种“飞地经济”模式近二十年来在江浙沪地区比较流行。2017 年 6 月，国家发改委、国土资源部等八部委联合印发了《关于支持“飞地经济”发展的指导意见》，明确提出鼓励江浙沪地区到长江中上游地区共建产业园区，发展“飞地经济”，共同开拓市场和发展空间，推动整个长江经济带产业有序转移。

因此，在“飞地经济”发展背景下，长江经济带产业绿色转移大有可为，绿色金融的支持空间也具有广阔前景。以长江流域生态建设为例，可通过“飞地经济”模式探索建立异地开发生态保护补偿机制，在长江上游生态受益区共建合作园区，建立保护区和受益区的利益分摊机制。与此同时，绿色金融可通过不同形式不同渠道积极介入，例如，各银行业金融机构针对长江上游生态保护地区的特点，筛选一批特色绿色项目，完善适合长江经济带生态产业的绿色信贷服务体系，支持长江上游生态保护项目发展。在严控隐性债务增量的基础上，支持有条件的生态保护地区政府和社会资本按市场化原则共同发起区域性绿色发展基金，支持以 PPP 模式规范操作的绿色产业项目。有条件的非金融企业和金融机构可发行绿色债券，保险机构要积极创新绿色保险产品，探索绿色保险参与生态保护补偿的途径。

第六章　长三角一体化背景下绿色金融的协同发展路径

2018 年 11 月，习近平总书记在首届中国国际进口博览会开幕式上提出，支持长三角一体化发展并上升为国家战略。2019 年 12 月，中共中央、国务院正式对外发布《长江三角洲区域一体化发展规划纲要》，整个规划中“绿色”一词共出现 30 次，将“绿色共保”作为基本原则之一。此前，国务院还印发了《长三角生态绿色一体化发展示范区总体方案》，作为长三角一体化发展战略的先手棋。由此可见，绿色发展在整个长三角一体化发展中的重要位置。与此同时，绿色金融作为金融业供给侧结构性改革的重点内容，在促进区域一体化发展中发挥积极作用。本书通过构建长三角地区绿色金融评估框架，分析长三角“26 + 1”城市群绿色金融的实践效果，并在此基础上提出长三角一体化背景下绿色金融的协同发展路径。

第一节　长三角地区绿色金融发展现状评估

目前国内外关于绿色金融评估的研究发展很快，学术界层面，清华大学马骏（2016）提出了绿色金融体系分析框架，兴业银行鲁政委（2017）从银行业绿色金融的视角构建了一套评价体系，复旦大学陈诗一（2018）对福建、浙江、上海三地进行了绿色金融评估，中央财经大学王遥（2019）构建了中国地方绿色金融评价指数。实践层面，英国绿色投资银行从国家角度构建了绿色金融评估体系，美国纽约绿色银行从市场主体的角度建立了绿色金融绩效评价体系，国际几大评级机构也发布了绿色债券、绿色股票指数等。但总体而言，并未形成比较权威、官方的绿色金融评估体系，在有限的量化指标中以绿色信贷规模、绿色债券规模为主，鲜有能反映地区绿色金融综合发展情况的指标。

与目前国内外常见的绿色金融评价体系不同，本书所构建的分析框架更侧重于长三角地区三省一市“26＋1”城市群的绿色政策、绿色金融实践的过程，聚焦“政府”与“市场”两大方面，而非对最终施政效果的考量。这种评价体系可以真实地预估长三角地区绿色金融实践的开展情况，简洁直观地呈现出长三角三省一市绿色金融的发展现状，可以快速掌握各地区绿色金融制度、绿色金融实践中的相对优势与相对劣势，学习借鉴绿色金融发展成熟地区的有效经验，尽快补齐自身发展短板与空白。

在综合参照陈诗一（2018）、鲁政委（2017）等设计的指标体系基础上，梳理各地政府部门出台的相关信息以及 Wind 数据库、国泰安绿色金融数据库、兴业研究绿色金融数据库的相关数据，并通过实地调研最终形成长三角地区绿色金融发展指标体系，整个指标体系包含三个一级指标、22 个二级指标、82 个三级指标，重点关注 9 个方面：绿色信贷投放规模适度增长；建立完备的绿色金融标准认证体系；形成多元化的绿色金融产品和服务体系；形成多层次的绿色金融组织机构体系；构建多层级的绿色金融支撑体系；健全绿色金融风险防范化解体系和高效灵活的市场运作机制；绿色债券、绿色基金、绿色保险形成适度规模；形成一批可复制、可推广，辐射面广，影响力大的绿色金融综合服务体系；形成产融结合、推动绿色资源资本化和产业转型绿色化的局面。具体指标体系如表 6－1 所示。

表 6 - 1　　　　长三角地区绿色金融发展指标体系

<table>
<tr><th>一级指标</th><th>二级指标</th><th>三级指标</th></tr>
<tr><td rowspan="17">制度政策</td><td rowspan="7">省级层面综合性制度、政策和方案的建设</td><td>是否有第一批国家级绿色金融改革创新试验区</td></tr>
<tr><td>是否有省级综合性指导文件</td></tr>
<tr><td>环境要素权益市场建设是否纳入国家试点</td></tr>
<tr><td>省级层面的专项工作文件数量</td></tr>
<tr><td>省级层面专题工作会议数量</td></tr>
<tr><td>是否已有地方自行试点地区（数量）</td></tr>
<tr><td>是否设有省级层面绿色金融操作机构（含领导小组、专项办公室等）</td></tr>
<tr><td rowspan="4">下辖市县地方性制度、政策和方案的建设</td><td>已制定并发布市级综合性指导文件的地市（含新区）数量</td></tr>
<tr><td>已制定并发布市级专项指导文件的数量</td></tr>
<tr><td>已制定并发布区县级综合性指导文件的区县数量</td></tr>
<tr><td>是否已有相应市场主体进行战略合作</td></tr>
<tr><td rowspan="2">具有地方特色政策的提出或引入</td><td>省级层面是否设计符合地方生态环境特色的专项政策或工作方案</td></tr>
<tr><td>所辖地方市县有无设计具有地方特色的政策平台</td></tr>
<tr><td rowspan="4">体制机制能力建设</td><td>是否已成立地方绿色金融专业委员会</td></tr>
<tr><td>是否有省级层面绿色金融政策、产品和服务的金融企业对接窗口</td></tr>
<tr><td>是否定期举办学术或市场交流活动</td></tr>
<tr><td>是否和高校科研单位进行咨政类项目合作（数量）</td></tr>
<tr><td rowspan="7">市场活力</td><td rowspan="3">绿色金融标准认证体系建设</td><td>是否建设有“绿色信息共享平台”或共享机制</td></tr>
<tr><td>是否构建“绿色项目认证”的体系（绿色认证标准体系、绿色金融产品与服务认证标准体系）</td></tr>
<tr><td>是否建立了绿色金融备选项目库和绿色产业项目系统</td></tr>
<tr><td rowspan="4">绿色金融服务改革创新</td><td>是否建设绿色产权交易平台</td></tr>
<tr><td>是否构建标准化的绿色金融资产统计体系</td></tr>
<tr><td>有无绿色资源资产证券化产品</td></tr>
<tr><td>有无基于绿色自然资源产权研发的创新金融产品</td></tr>
</table>

续表

一级指标	二级指标	三级指标
市场活力	地方探索的绿色金融改革创新产品或服务	银行业是否开展了投贷联动融资服务模式创新
		银行业是否引导社会资本发起设立绿色基金并投资绿色特色产业
		有无可持续发展的 PE/VC 投资体系
		是否有专项基金投资绿色扶贫项目（数量）
	绿色环保信贷与服务进展	商业银行有无自行出台的绿色信贷流程的管理制度
		绿色节能专项贷款特色产品数量
		是否有开发绿色信贷资产的证券化产品
		信贷参与的 PPP 合作资金是否投向“补短板”领域
		有无合同能源管理或合同环境服务融资产品
	地方商业银行绿色金融产品的创新措施	有无设置专营绿色金融的机构或网络（数量）
		银行的融资租赁业务有无参与绿色产业服务
		地方银行间有无自发形成合作协议
		有无针对村镇银行等绿色金融产品的服务
		有无发行县级政府绿色永续票据
		有无制定绿色银行监管评价标准
	绿色债券市场的创新进展	有无针对小微企业发行的绿色金融债券
		有无开展绿色金融资产的 ABS 产品并纳入绿色债券支持范畴
		金融机构有无发行绿色金融债券
		是否有筛选符合绿色发债条件企业的机制或项目库
	资源环境权益交易市场的建设	是否建设包括碳交易平台在内的用能权、用水权、排污权交易平台
		是否设立了绿色低碳发展基金
	绿色金融对特色小镇、田园综合体、美丽乡村等的支持力度	有无创新绿色债券、环保并购基金等工具引导撬动社会资本参与特色小镇、田园综合体、美丽乡村等基础设施建设运营
		有无利用绿色金融工具扶持乡镇产业和优化乡镇生态环境（文旅服务）

续表

一级指标	二级指标	三级指标
市场活力	地方股交中心关于绿色金融的创新进展	有无构建专项绿色指数
		有无设立绿色环保板块提供股权交易服务
		有无辅助绿色企业上市的培育机制
	保险机构关于绿色金融的创新进展	有无研发针对节能环保领域的创新险种
		有无推出符合地方生态特点、产业特点的环保责任保险
		有无构建企业和项目环境风险与信贷联动的分级管理制度
	碳金融市场的创新进展	有无建立碳现货、期货等交易平台
		有无碳远期、碳掉期等场外衍生品交易
		有无满足市场需求的碳金融定制产品
		有无借碳、碳回购、碳信托等创新业务
	绿色金融绩效考核	有无设计测评绩效的指标体系
		有无构建绿色信贷评价机制、关键指标设计
		有无借用大数据技术优势强化环境信用信息共享，服务绿色金融管理
	地方金融机构在绿色金融领域的能力建设	地方商业银行内部有无设立专营绿色金融事业部
		有无搭建绿色金融管理基础设施建设（类似绿色金融综合服务平台、绿色金融交易所）
		有无构建与绿色金融相适应的制度框架和内部流程
		有无专营跨境融资业务、涉外绿色金融机构
	绿色金融支撑体系建设	有无引导银行、基金等金融机构加大对涉农、涉林中绿色项目的投入
		有无对绿色金融产品给予财政贴息支持
		有无设计专业化担保机制支持绿色信贷发展
		有无专设绿色金融发展奖补资金
	绿色金融风险监管、预警体系建设	有无绿色信贷风险监测和评估机制
		绿色贷款不良履约率是否高于贷款平均不良履约率
		绿色债券违约率是否高于债券平均违约率
		有无成熟的环境风险压力测试机制
		有无建设绿色金融风险监测及预警平台
		有无构建绿色项目风险补偿机制

续表

一级指标	二级指标	三级指标
保障措施	公共服务能力建设	有无设立类似绿色金融综合服务中心提供“一站式项目审批服务”
	公共服务基础设施建设	有无绿色金融创新发展工作领导小组
		是否有绿色金融绩效考核机制
	绿色金融的对外交流	是否编制绿色金融专业人才培养和学科院所建设的规划
		是否有绿色金融发展激励基金
		有无设立绿色金融国际论坛平台
		有无与国外专业绿色金融机构开展技术合作（次数、规模）
		有无定期开展与其他绿色金融改革示范地区进行工作交流

第二节　长三角“26 +1”城市群绿色金融评估结果分析

借鉴世界银行“区域营商环境”的评估框架、SMART 评估制度，以及绿色金融发展目标，将指标体系按照“0/1”打分法对长三角“26 +1”城市群①测评，评价结果如表 6 –2 所示。

进一步分析，长三角地区覆盖上海市、江苏省、安徽省、浙江省全域，这三省一市的平均得分情况如表 6 –3 所示。

以上评价结果可以从宏观、微观两个层面进行分析。

宏观层面，长三角地区 27 个城市在绿色金融政策规制、市场活

① 按照《长江三角洲区域一体化发展规划纲要》中的规划范围，“26 +1”城市群为：上海市，江苏省南京、无锡、常州、苏州、南通、扬州、镇江、盐城、泰州，浙江省杭州、宁波、温州、湖州、嘉兴、绍兴、金华、舟山、台州，安徽省合肥、芜湖、马鞍山、铜陵、安庆、滁州、池州、宣城 27 个城市。

表 6-2　　长三角"26+1"城市群绿色发展评价结果

位次	城市名称	得分	位次	城市名称	得分
1	湖州	51 分	15	舟山	22 分
2	苏州	32 分	16	安庆	21 分
3	杭州	32 分	17	铜陵	21 分
4	南京	30 分	18	常州	20 分
5	南通	29 分	19	金华	20 分
6	宁波	27 分	20	嘉兴	20 分
7	台州	27 分	21	滁州	17 分
8	上海	27 分	22	绍兴	17 分
9	泰州	26 分	23	池州	15 分
10	温州	24 分	24	芜湖	15 分
11	无锡	24 分	25	镇江	15 分
12	盐城	24 分	26	扬州	13 分
13	合肥	24 分	27	宣城	9 分
14	马鞍山	22 分			

表 6-3　　长三角地区各省份绿色金融评价结果

位次	1	2	3	4
省份	上海	浙江	江苏	安徽
平均得分	27 分	26.67 分	23.67 分	18 分

力、组织保障方面存在比较明显的差异，在绿色金融改革创新试验区周边的城市呈现出较强的空间溢出效应，绿色政策出台得力、市场运行高效有活力、保障措施较为有力；然而城市间绿色金融发展的巨大悬殊反映出长三角地区绿色一体化程度较低，并且存在"缺乏顶层设计、定位不够清晰"等诸多问题。上海市虽然作为长三角地区的龙头城市，但在 27 个城市中的绿色金融表现并不突出；浙江省、江苏省的绿色金融发展良好，安徽省则表现平平，还存在巨大拓展空间。整体而言，目前长三角地区的绿色金融发展还无法与区域高质量一体化发展相匹配。

微观层面，浙江省在绿色金融方面的经验主要集中于“布局整体”，有明晰的路线图和时间表。2017年，浙江省银监局便以国务院绿色金融试验区总体建设方案为纲领，以湖州、衢州两个试验区为实践基地，并带动周边的丽水、绍兴、嘉兴等地，在绿色银行建设、专营体系建设、绿色金融统计监测、绿色信息共享等方面积极创新，形成了“1+2+N”的绿色金融格局。在评分中，可以发现浙江省在制度政策、市场活力、保障措施三方面分数都高于其他两地，说明已形成了体系化的绿色金融操作方案，并在关键环节形成了较为成熟的经验，值得复制推广，根据资料调研及实地访谈归纳经验如下：第一，已形成平台化的信息共享机制。2011年，浙江省银监局与浙江省环保厅合作，在全国率先建立了“绿色信贷信息共享平台”，帮助银行业金融机构高效获取企业环境行为信息。第二，已建立标准化的绿色指标体系。在全国范围内构建了区域绿色金融统计指标体系、全国首个地方性绿色银行评级体系、绿色专营机制评价等制度标准；参与编制了全国首张县级市的自然资源资产负债表、建立了全国首个绿色项目认定评估指标体系，引导财政、金融、产业、环保等政策资源向绿色发展领域倾斜。第三，已建立专业化的绿色银行机构。安吉农商行成立了全国首家小法人银行绿色金融事业部，南浔农商行成立全国首家绿色专营支行；建行丽水分行营业部等3家支行获得当地监管部门认证的五星绿色支行称号。第四，已形成互助型的绿色发展联盟。湖州银行联合18家浙江本土法人金融机构（涵盖银行、信托、证券、保险）与湖州市政府签订战略合作协议，约定提供不低于500亿元专项资金支持湖州建设绿色金融改革创新试验区。兴业银行则与安吉农商行签署了《绿色金融合作协议》。第五，已形成流程化的绿色信贷保障措施。浙江银行业通过单列规模、优先受理、优先审批、优先放贷等模式，提升对绿色项目的保障力度。

通过对上海绿色金融发展的相关指标分析，绿色金融发展整体呈现稳中有进的态势，作为绿色金融主体的绿色信贷发展较快；绿色证券和绿色保险都有了一定的发展，但尚未出现绿色环保产业的股票指数、专业险种；绿色投资虽发展较慢，但也表现出逐步提升的后发趋势；碳金融则由于兴起较晚、规模较小以及市场建设较为落后等因素导致其发展相对滞后。结合调研剖析前述问题的原因包括：上海市尚未形成环境信息在政府部门与金融机构间的共享联动；市环保部门发布的企业环境违法信息针对性不强、时效性不够，不能适应银行审查信贷申请的具体要求，影响绿色信贷的执行效果；商业银行也没有提供环境信息使用的反馈情况，无法测评绿色金融产生的绩效表现；该市金融机构的能力建设尚属空白，如未进行专门业务培训及部门配置、制度建设滞后；碳交易市场运用大数据管理、人工智能运营等技术融合不够。2016 年度上海金融创新奖一共 58 个奖项中，只有两项与绿色金融有关，分别是新开发银行的 2016 年度第一期绿色金融债券和海通证券股份有限公司的绿色债券系列产品。从中可见，即便是绿色金融发展的元年，上海也并未在绿色金融创新上取得足够的进展。

江苏省作为全国经济强省，其绿色金融的发展速度也比较快，整个长三角地区的绿色金融绩效得分平均为 23.1 分，江苏省有 6 座城市得分都在平均值以上，苏州、南京、南通三地都出台了各自绿色金融发展规划，2018 年江苏省又印发了《关于深入推进绿色金融服务生态环境高质量发展的实施意见》，下一步还要支持宜兴市（县级市）申报第二批国家级绿色金融改革创新试验区，整个江苏省对绿色金融的重视程度越来越高。

安徽省大部分地市在长三角地区属于经济薄弱城市，从得分结果上来看，除了省会合肥市勉强在平均分之上，其余均位列整个长三角地区的下游梯队。此外，整个安徽省也未出台绿色金融相关实施方案，在政策制定方面相对滞后，部分地级市在绿色金融发展方面处于刚刚起步阶段。

综上所述，长三角地区各省市绿色金融发展差异的主要原因在于，第一，长三角地区缺乏对绿色金融一体化建设的顶层设计，表现为对绿色金融的理解、标准、制度、机制、规划、人才培养等多重领域都呈现出高度的“碎片化”现象；第二，长三角绿色一体化发展路径缺乏统一协调，使长三角27个城市之间无法在绿色金融生态链上进行科学分工和精准定位，只是一种“简单重复”的低端发展路径；第三，各省之间、省内不同地市之间关于绿色金融的认识定位不同，有的地区更加注重发展科技金融，有的地区重视普惠金融，有的地区注重小微金融，以至于长三角地区单兵作战能力强，但协同发展能力不足。

第三节　长三角地区绿色金融协同发展的若干建议

根据长三角地区“26 + 1”城市群绿色金融发展状况评价及分析，为更好推进各地区绿色金融发展，满足长三角绿色一体化发展大局要求，建议从以下几个方面强化长三角地区绿色金融协同推进力度。

第一，进一步优化长三角地区绿色金融发展的顶层设计与分层对接。继续办好一年一度的长三角地区主要领导座谈会，充分发挥其在顶层设计、制度创新、体制机制改革方面的协调作用，重点研讨绿色金融领域协同发展中的关键问题，例如，绿色标准的统一性问题，如何进一步降低绿色金融的交易成本和信息成本，如何设计差异化的金融监管、差异化的绿色金融考核激励和约束机制、差异化的绿色金融管理营销机制等。特别是如何借助绿色金融实现产业转型，实现高新技术产业研发，以及如何在长三角一体化建设中发挥作用都是在未来值得深入研究的问题。

第二，开发符合长三角自然资源特点的绿色金融产品或服务。围绕本地生态文明建设任务，会同相关政府部门打通环境权益抵押登记、评估和交易全流程，建议结合崇明世界级生态岛建设，构建我国特大型城市发展与生态岛建设的“双向互益”模式，可分类开展绿色投融资，如针对崇明东滩湿地、水生鱼类保护等公益性项目建设构建“绿色公益基金”，针对生态林业、花卉种植等经营性项目建设开展“农业贷”，针对农村生活污水处理设施、农村生活垃圾分类处理等民生类项目开展“绿色 PPP”融资模式等。针对制造业集聚区，建议在绿色保险领域研发新险种，如对金山区、奉贤区、闵行区、嘉定区等制造业集中的产业园区，尝试进行“环境污染防治强制责任保险”试点。

第三，应借鉴国外“政策先行”的经验，完善地方性绿色投融资政策，加大对金融机构的政策激励。一方面在项目准入端，通过加强政策监管，控制“两高一剩”产业的信贷规模，同时采取价格补贴、贷款贴息等措施，在贷款利率、贷款额度、还贷条件等方面赋予绿色投资项目一定的优惠，执行差别化存款准备金制度，引导银行业加大绿色信贷支持力度，优化信贷结构；另一方面，建立绿色信贷增量和贴息机制，对增量达到一定规模的金融机构进行奖励。由政府相关部门牵头，对商业银行在推动绿色信贷时面临的风险进行管控，构建“企业环境信息”与“地方金融机构授信评估”的信息共享，减少企业环境信息不对称问题，提高投资信息透明度。

第四，充分发挥碳交易市场的累积优势，积极融合新技术和新模式，为搭建未来长三角地区环保要素权益交易的一体化平台做好保障。基于当前已建立的碳交易市场，继续完善碳交易网络，合理规划配额和交易机制，提高市场流动性，同时积极参加清洁发展机制项目的碳交易，致力于为中小企业和中小金融机构创造参与碳交易的机会，扩大碳金融与绿色经济的协同发展效应。利用区块链、大数据等技术，开发碳远期、碳掉期等碳金融衍生产品；结合排污权、用能权等环境权益进行权益金融属性的开发，并制定相关交易规则，以备环境权益交易。同时，应明确城市功能分工，可以上海为融资中心，南京、杭州为政策创新、产业创新中心，合肥为低碳技术实践中心，形成优势互补、双向联动局面。上海可充分发挥国际金融中心已有优势，打造全国首个区域性碳金融综合平台，通过汇聚、导入和对接境内外绿色资金、低碳项目、绿色信息等，依托长三角一体化合作组织，建立碳金融规划建设小组，推动江浙皖沪金融办协商签订“碳金融合作协议书”，并建立日常工作机制，切实形成长三角一体化市场。

第五，要健全长三角地区绿色金融信息共享和风险防范机制。建立符合地方特点的绿色融资审查体系，严格监督资金的使用方向和影响结果，培育专业的第三方绿色评估机构，建立企业和项目的绿色评级体系，确保绿色融资资金投向真正的绿色项目。完善绿色金融监管，加强各部门和自律机构之间的管理协作，形成统一的绿色标准，强化信息披露要求，建立绿色金融信息共享平台，将信贷获取者、债券发行人、资金使用者的违规欺诈信息纳入金融信用信息基础数据库，在发挥常规化监测机制功能的同时，鼓励社会监督，加大对违规行为的处罚力度。建立健全风险预警机制，及时发现和管控企业出现违约、资本空转和“洗绿”等行为，守住不发生系统性金融风险底线。

第六，探索推进“组团化”绿色金融改革创新试验区。参照浙江省湖州市、衢州市国家级试验区的成熟经验，可以发现绿色金融改革创新试验区具备强大的辐射带动作用，对于提升地方绿色品牌效应、推动产业绿色升级等有明显益处。所以，下一步可优选江苏省、安徽省部分地市组团申请第二批绿色金融改革创新试验区，形成连片化、集聚化发展，打造长三角地区新的绿色金融增长极。

第七章　绿色金融支持粤港澳大湾区建设的路径研究

在2017年第十二届全国人民代表大会第五次会议上，政府工作报告首次提出将粤港澳大湾区上升为国家战略。2019年2月18日，中共中央、国务院正式印发《粤港澳大湾区发展规划纲要》，对粤港澳大湾区的总体要求、空间布局、重点任务进行全面部署。纵观整个发展规划，金融所占篇幅之大体现出金融发展在粤港澳大湾区建设中举足轻重的地位，现阶段粤港澳大湾区的金融生态建设主要聚焦三大领域：金融科技、绿色金融、金融开放。本章主要介绍绿色金融如何服务大湾区建设。

第一节　粤港澳大湾区绿色金融发展现状

粤港澳大湾区的城镇化水平超过80%、地区经济生产总值超过10万亿元，是我国经济综合实力最强、开放程度最高、金融基础最稳的地区之一。致力于打造世界一流湾区，粤港澳大湾区将绿色发展作为基本原则之一，在其发展规划中，“绿色”一词共出现27次，整个规划通篇贯穿绿色发展理念。

一　粤港澳大湾区的绿色金融实践

大湾区城市群由“9+2”个城市组成，各地在践行绿色金融过程中都积累了一定经验，这里主要介绍香港、广州、深圳的一些先行先试的绿色金融探索。

（一）香港：打造国际绿色金融中心

大力发展绿色金融是香港特区行政长官林郑月娥第一份施政报告圈定的金融关键词，也是粤港澳大湾区发展规划赋予香港的重要使命。目前，香港的绿色金融发展已经基本实现三大关键性突破：一是由特区政府和公营机构管控的发行人发行基准绿色债券，从而带动更大范围的市场主体参与绿色金融；二是香港品质保证局陆续推出绿色债券资助计划、绿色基金认证计划等，从而吸引更多机构投资者来港；三是搭建有影响力的绿色金融合作平台，例如香港绿色金融协会、绿色金融中心。香港绿色金融协会组建于2018年9月，截至2019年年底，会员单位数量达到113家，包括香港金融机构、环保企业等，协会旨在调动各行业资源和专业人才，助力绿色金融业务与产品创新，参与“一带一路”建设，支持特区政府制定的绿色金融政策。绿色金融中心（Centre for Green Finance）则是由金管局基建融资促进办公室牵头成立的，是为香港银行及金融业绿色发展提供技术支持及经验分享的平台。

作为香港金融业的管理部门，香港金融管理局2019年5月发布了支持及推进香港绿色金融发展的战略路线图。在绿色及可持续银行（Green and Sustainable Banking）方面，提出三阶段实施计划。第一阶段：金管局与金融界建立一个共同框架，评估银行业金融机构目前的“绿色”基准（Greenness Baseline）。同时与国际组织合作，为香港银行提供技术指导，熟悉“绿色体检”的原则和方法。第二阶段：就绿色及可持续银行的监管期望向金融界征求意见，进而制定提升香港银行业绿色和可持续发展的具体目标。第三阶段：制定目标后，监督、审视、评估银行的绿色发展进度。在负责任投资（Responsible Investment）方面，金管局提出，当绿色和ESG投资与其他投资项目的长线收益（经风险调整后）相若时，会优先考虑ESG投资。具体而言，已将ESG元素纳入投资债券信贷风险分析的一环；会同国际金融公司开展“联合贷款组合管理计划”，进行两期各占10亿美元的投资，该计划主要以新兴市场可持续项目为投资对象。透过直接投资绿色项目或投资绿色债券基金等方式，进一步扩大外汇基金的绿色债券组合。要求外聘投资经理以被动或主动投资方式，参与以 ESG 为主题的公募股权投资。研究设立披露框架，在顾及市场敏感性的同时，适当地提供外汇基金的绿色金融或 ESG 投资的信息。

（二）广州：绿色金融改革创新标杆

广州市作为国家级绿色金融改革创新试验区，在践行绿色金融发展方面大胆闯、大胆试，一些先进理念和做法走在全国前列。本书梳理总结了七个方面的亮点工作，值得推广借鉴。第一，在培育发展绿色金融机构组织体系方面，鼓励银行加入“赤道原则”；第二，在支持绿色产业融资方面，鼓励区域性股权市场运营机构开设绿色环保板；第三，设立广东绿色低碳发展基金，重点支持低碳基础设施建设及低碳项目；第四，在绿色保险方面，鼓励保险机构为绿色企业和绿色项目提供增信措施，通过绿色保险解决中小绿色企业融资难题；第五，在绿色金融对外合作方面，推动港澳地区机构投资者按程序在试验区内开展合格境外有限合伙人（QFLP）业务，参与境内绿色私募股权投资基金和绿色创业投资基金投资；第六，创新绿色金融服务产业转型升级机制，成立绿色金融综合服务中心，为绿色企业和绿色项目提供“一窗通办”和绿色金融一站式、一网式服务；第七，在组织保障方面，将试验区内绿色金融业务骨干纳入省、市高层次金融人才范畴，在人才落户、子女教育、医疗、购房等方面享受相应待遇。

（三）深圳：全球首个绿色金融服务实体经济实验室

2019 年 10 月，深圳市与联合国环境规划署在瑞士日内瓦组建“绿色金融服务实体经济实验室”，该实验室是全球首个链接绿色金融与绿色实体经济的金融服务平台。基于这个国际化平台，既能够对外传播深圳的绿色发展经验，又能够引进国际一流绿色技术、绿色项目、绿色资金，同时还可支持国内先进的绿色技术企业“走出去”。具体职责包括：第一，支持加入实验室的“全球金融中心城市绿色金融联盟”成员城市在本国探索绿色金融服务实体经济的新模式；第二，在实验室平台上分享绿色金融经验、共享绿色金融成果，将绿色金融服务实体经济的成功经验和典型案例向全球推介；第三，建立全球绿色技术、绿色项目和绿色企业库，聚集金融中心城市的绿色资本，在世界范围内寻找绿色商机，开展绿色投资，共同支持绿色产业和绿色经济等；第四，评估各类绿色细分行业，在控制经营风险与市场风险的基础上，把绿色资本顺利引入绿色实体经济。总而言之，以深圳为中心和纽带，拓展全球通用的绿色金融发展经验，提供国际一流、融贯中外的金融解决方案。

二　粤港澳大湾区绿色金融面临的困难与挑战

（一）顶层设计与分层对接之间的关系还不够通畅

粤港澳大湾区一个非常鲜明的特点可以用“一二三四”来概括，即一个国家、两种制度、三个关税区、四个核心城市，在这种多套监管体系、多种金融机构、多元制度格局的背景下，统筹协调工作是一大难点。目前，粤港澳三地的顶层设计与分层对接之间还需要进一步统筹协调，绿色项目的认定考核缺乏统一标准，环境信息披露制度亟待统一；粤港澳三地金融监管部门协调合作机制不够完善，跨行业跨地区的“监管沙盒”机制存在明显短板；绿色金融发展涉及多部门、多领域，但目前粤港澳大湾区“9+2”城市之间还缺乏跨部门、跨领域的政府沟通和合作，尤其是广东省与香港、澳门特区政府间的合作机制需要加强，只有先打通政务，才会有利于大湾区绿色金融业务合作。

（二）湾区内外金融互联互通有待加强

粤港澳大湾区既有国际金融中心香港，又有国内金融中心深圳，但即使坐拥两大金融中心，大湾区的金融市场在互联互通和业务模式创新方面仍存在短板。资本投融资便利化的政策有待进一步完善，目前外资金融机构参与基金、保险、碳交易等绿色金融领域的积极性还不够高；区内企业跨境人民币绿色债券的发行规模有待提高；香港与内地居民之间开展跨境绿色投融资的渠道尚不通畅，绿色产品类别较为单一；广东省的金融机构通过香港、澳门拓展海外市场的进程较为缓慢，银行分支机构较少，业务种类不够健全，尚不能满足绿色金融国际合作的需求。

三 粤港澳大湾区绿色金融展望

根据《粤港澳大湾区发展规划纲要》，国家支持香港打造大湾区绿色金融中心，建设国际认可的绿色债券认证机构。支持广州建设绿色金融改革创新试验区，研究设立以碳排放为首个品种的创新型期货交易所。支持澳门发展租赁等特色金融业务，探索与邻近地区错位发展，研究在澳门建立以人民币计价结算的证券市场、绿色金融平台、中葡金融服务平台。因此，未来粤港澳大湾区在发展绿色金融方面有巨大空间，有望打造成世界一流的绿色金融集聚区。

从大湾区绿色金融的重点支持领域来看，第一是助力绿色“一带一路”发展，实现两大国家战略有机互动。《粤港澳大湾区发展规划纲要》提出的一个非常重要的战略定位是“一带一路”建设的重要支撑，粤港澳大湾区作为国际国内两大市场的交汇区、金融资源高度集聚区，有能力有义务将区域绿色金融优势与“一带一路”建设相对接，强化“一带一路”绿色金融国际合作。第二是支持绿色技术创新，粤港澳大湾区科技创新要素集聚，科技研发、创新能力突出，世界500强企业总部有17家落户于此，世界100强大学大湾区占4所，R&D投入占GDP的比重为2.7%。因此，可依托粤港澳大湾区雄厚的高科技产业基础，推动绿色金融支持绿色技术创新和转化，打造绿色产业技术体系，重点研发新能源和资源集约利用、节能环保、循环经济、生态系统修复、污染评测与预防等技术，支持产业绿色升级。

从大湾区绿色金融产品创新的重点方向来看，一是发展绿色债券，大湾区规划中明确提出支持香港打造大湾区绿色金融中心，建设国际认可的绿色债券认证机构。因此，在绿色债券方面可以充分发挥香港作为国际金融中心的优势，推进我国绿色债券标准与国际接轨，助力境内企业境外发行绿色点心债和境外企业境内发行绿色熊猫债，提升境内企业在境外发行绿色债券数量。

二是发展碳金融，大湾区规划中明确提出要研究设立以碳排放为首个品种的创新型期货交易所，如果成功设立，这将是全国碳排放权交易市场建设过程中的重要突破。参照国际上成熟的碳排放权交易市场，碳期货不论从价格发现功能、市场流动性作用，以及风险管理能力等各个角度看，都是核心的碳金融衍生品。然而受制于国内监管政策和管理体制的限制，碳期货发展较为滞后。因此，此举将有助于我国碳金融衍生品市场的发展，进而增强我国碳排放权交易市场流动性、平抑价格波动、降低市场风险、提高金融机构参与度，加速推动全国碳交易市场的成熟。

三是基于粤港澳大湾区制造业成熟的供应链系统，创新发展绿色供应链金融。大湾区规划中明确提出开发绿色产品、打造绿色供应链，粤港澳大湾区拥有我国首个绿色供应链试点城市——东莞市，作为重要的制造业基地，东莞市在绿色供应链管理方面积累了大量经验，在此背景下，创新发展绿色供应链金融将有助于粤港澳大湾区绿色供应链发展，加快推进粤港澳大湾区制造业绿色转型升级。

第二节 绿色金融支持粤港澳大湾区绿色科技发展研究

建设国际科技创新中心可以说是粤港澳大湾区的首要任务，其中实现绿色技术创新是大湾区绿色发展的重要保障，如何让绿色金融更好地支持大湾区绿色技术创新，不仅对粤港澳大湾区意义重大，对于全国而言都是一项前瞻性、关键性课题。

一 绿色技术创新的内涵

广义上的绿色技术是指与生态环境系统相协调的新型现代技术系统。结合当前国内外绿色发展的形势与要求，现阶段狭义上的绿色技术应包括节能环保技术（包括节能、环保、资源循环利用）、清洁生产技术、清洁低碳的能源技术、城市绿色技术与消费绿色技术等。

从行为主体来看，绿色技术创新体系的构成要素主要包括企业、科研机构、政府、金融机构等。企业是绿色技术创新的主体，是绿色技术创新的需求方、发起方和实施方。科研机构是绿色技术创新的重要智力提供方，科研机构与企业的良好互动是绿色技术创新的重要支撑。政府是绿色技术创新的激励方和受益方。一方面，政府的激励政策和机制能在很大程度上促进绿色科技企业和相关科研机构、金融机构一起推动我国绿色技术创新发展；另一方面，绿色技术创新也有利于各级政府实现有关建设生态文明和可持续发展等目标。金融机构则是实现绿色创新体系市场化、可持续发展的关键，只有通过良好的体制机制设计，引导市场化的金融资源投入绿色技术创新领域，实现产业、科研、政府和金融的良性循环，才能真正推动绿色技术创新体系的可持续发展。

二　粤港澳大湾区绿色科技企业面临的融资难题

绿色技术创新一般存在投资大、风险高、周期长等特点，企业自发进行绿色技术创新的内生驱动力不足。技术创新活动初期投入成本巨大，创新活动又存在巨大时间跨度，规模较小的企业，或者缺乏绿色创新经验的企业，如果选择绿色创新研发活动，可能会更快、更容易被市场淘汰。同时，绿色技术创新的资金投入并非是一次性的，而是连续且不断递增的投资过程，在这个过程中企业不仅需要较强的资金投入能力，而且要面对来自市场、产品不确定性的挑战，在短期内难以获得满意的经济效益。这不仅给绿色科技企业的生存与发展带来不小的挑战，也让不少投资者对绿色科技企业望而却步。由于上述特点和挑战，绿色科技企业面临一定的融资难问题，并主要表现在以下五个方面。

（一）难以从传统金融市场获得足够融资

一方面，大多数绿色科技企业是轻资产的中小型民营企业，缺少可抵押资产；另一方面，大多数绿色科技企业的投资周期长达

5—10 年，但我国银行传统信贷的平均期限只有 2—3 年。缺少可抵押资产和期限错配导致绿色科技企业难以通过传统金融市场获得足够的融资。部分银行也有针对高科技类中小企业的产品，用于解决绿色企业的融资需求，但是与整体上庞大的中小企业数量相比，资金量还是太少，而且产品设计上也不大适合中小企业的需求，尤其是民营企业。相对于银行贷款，中小型绿色科技企业通过互联网金融公司（P2P）和产业金融公司获得贷款的利率较高，有的甚至达到 20% 以上，这对于中小企业来说负担太重。

（二）通过私募股权和风险投资的途径获得融资存在困难

部分绿色科技企业商业模式仍不成熟，市场规模有限，且项目收益率较低，与国内私募股权（PE）和风险投资（VC）的风险偏好也存在差异。国内 PE/VC 近年的投资热点主要集中于互联网、金融和物流运输行业，在绿色科技企业方面的投资规模较为有限。2018 年上半年，新能源和节能环保领域的 PE/VC 投资仅占全部行业的 0.81%。但是在美国，绿色科技企业目前已成为许多大型 PE/VC 基金的核心关注点和新的增长点。据美国可持续和责任性投资论坛（USSIF）估计，美国 20% 以上的基金都投资于环境、社会和公司治理（ESG）情况良好的企业。美国对清洁能源的投资也占到全球该领域总投资的 43%。

投资期限错配和投资风险过高等问题是严重阻碍国内 PE/VC 在绿色科技企业项目上投资的重要因素。在投资期限方面，目前国内 PE/VC 的投资期限大多集中于 5 年以内，最多不超过 7 年，作为对比，美国 PE/VC 的投资期限一般在 10 年左右。而绿色科技企业能够达到 IPO 门槛大多需要约 10 年的成长期，导致这种融资方式不能为绿色科技企业提供完善的、可持续的“一站式”资金链。在投资风险上，绿色科技企业的良好发展严重依赖于政策支持，产业支持政策的持续期和稳定性方面的微小变动就会显著影响该行业的发展，造成较大的政策风险。此外，由于绿色科技企业大多数处于成长期和产品研发期，其商业可持续性和回报的确认需要较长时间和较高成本，下游消费者偏好和产品收益的难以预测性也导致了较大的市场风险。总体而言，绿色科技企业的投资期长、高风险、项目流动性差的特质与PE/VC的投资偏好不符，导致这类企业不能很好地通过此种途径获得充足、稳定的资金来源。

（三）绿色技术的界定、标准化和认证存在困难

由于缺乏绿色技术的相关界定或认证标准，部分企业可能存在“洗绿”（green washing）行为，即企业声称将资金用于绿色技术创新，但实际上相关技术已经过时，或根本不能产生环境效益，或根本没有用于真正有价值的绿色技术创新，只是假借绿色技术的名义进行融资。以上任何一种情况都将导致投资资金无法真正产出绿色技术创新，也就无法获得相应的收益和投资回报。由于上述“洗绿”风险的存在，投资者在识别有投资潜力和正当动机的绿色科技企业时存在困难和疑虑，或者识别过程给投资者造成较大的额外成本，也是当前导致绿色科技企业融资困难的原因之一。

（四）对绿色技术投资缺乏激励措施

虽然推动绿色技术创新和绿色科技企业的发展，根本上需要的是市场化机制和金融资源的支持，但相关激励措施也十分重要，包括财政激励和税收减免等在内的政策激励。一方面，可以直接给绿色科技企业的发展提供便利和优惠条件，降低其成本或提高其收益；另一方面，也是更重要的一方面，这些激励措施可以起到一个杠杆作用，给市场释放积极的信号，引导私人资本和社会资本进入绿色技术领域，以有限的政府资源撬动庞大的市场资源支持绿色科技企业的发展。然而，目前对绿色技术投资缺乏政策激励机制，也就没有了上述的激励和杠杆作用，加上绿色科技企业的自身特点，投资于绿色科技企业的资金远远不能满足其发展的需要。

（五）对环境效益进行量化、定价和收费存在困难

绿色技术创新有利于环境保护、应对气候变化和资源的高效利用，对于我国生态文明建设以及全球的绿色可持续发展都至关重要。但是目前对绿色技术产生的环境效益进行量化、定价和收费存

在困难，难以将环境效益外部性内生化和市场化，这在很大程度上弱化了绿色科技企业进行技术创新的收益，从而进一步减弱了绿色技术创新企业对于投资者的吸引力，给企业融资造成障碍。

三　绿色金融支持大湾区绿色科技创新的几点建议

为解决绿色科技创新的融资难题，关键是要构建一个有效支持绿色科技企业的绿色金融服务体系。该体系应该包括如下特点：（1）多层次的融资模式，包括股票市场、PE/VC、投贷联动、担保机制，以解决银行不愿贷而风险资金又不到位的问题；（2）政府提供一定的激励机制，包括孵化、担保、奖励、贴息、减税等，以降低绿色科技企业的管理成本、信息成本、融资成本和风险溢价，缓解绿色项目的环境外部性问题；（3）存在较长期限的资金，以满足部分绿色科技项目回报周期长的特点；（4）具有一套适合对绿色科技项目的环境效益进行评估的标准，投资者应该建立绿色评估能力，以识别真正的绿色项目。基于以上思路，本书提出如下具体的建议：

第一，鼓励银行业金融机构在风险可控的前提下针对绿色科技创新企业开展投贷联动业务。鼓励在绿色科技领域开展“投贷联动”试点。许多绿色技术创新的中小企业数量较多，尤其是在部分地区的产业园区可能会成片出现，资金缺口较大。可以鼓励银行业金融机构在提供绿色信贷的基础上，在风险可控的前提下开展股权投资，试点“投贷联动”的集合投资业务。

第二，发展多层次资本市场和并购市场，健全绿色技术创新企业的投资退出机制。绿色 PE/VC 的投资期限一般在 3—7 年，相关基金产品的存续期一般也在 10 年以内，相关绿色技术创新企业在进入稳定发展阶段之后，应当通过健全的退出机制，比如通过 IPO 或股权转让，将前期投资本金及其收益撤出，也有利于其他绿色技术创新企业获得投资机会。

第三，鼓励保险公司开发支持绿色技术创新及其绿色产品的保险产品，促进绿色技术成果转化和推广。创新绿色保险产品，以分担绿色技术创新企业及其商业模式存在的不确定性和市场风险；鼓励保险机构研发绿色建筑、绿色交通、环保技术装备保险等产品创新，以推动绿色技术相关创新产品以更快速度、更大规模推广和应用，加快获得投资回报，促进行业良性发展。

第四，鼓励保险、养老基金等长期资金投资于绿色 PE/VC 基金。全球机构投资者管理的资产总额超过 100 万亿美元，包括保险资金、主权财富基金和养老基金等，其中绝大多数集中在香港、伦敦、纽约等国际金融中心，应当积极鼓励和引导这些长期资金进入我国绿色金融市场，投资于绿色技术创新等相关领域。长期资金的进入，能够解决大多绿色技术创新企业面临的资金需求和投资回报之间存在的期限错配问题，同时也可能给长期资金带来高于债券市场的投资回报。支持养老、保险等长期资金参与创立存续期更长的（如十年）绿色科技产业基金，支持对有突破性创新意义的绿色技术的长期投入。

第五，支持地方政府通过担保基金或委托专业担保公司，对绿色技术创新企业提供担保和其他类型的风险补偿机制。鼓励地方政府与银行合作，给绿色科技企业提供贴息支持；通过政策性担保和信用增级等方式支持包括绿色技术创新企业在内的绿色产业发展；鼓励国家融资担保基金用于支持绿色技术创新。

第三节　碳金融市场融合支持粤港澳大湾区绿色发展研究

我国碳排放交易试点工作开展已近十年，十年来国际上碳金融的区域合作愈加成熟，国内的碳金融衍生品需求也不断增加，粤港澳大湾区的碳金融发展水平虽然位居全国前列，但市场融合度还需持续深化，下一步大湾区发展绿色金融的一项重点任务即是推进碳金融市场融合。

一 粤港澳大湾区碳金融市场发展现状

（一）广东省碳金融市场发展现状

广东碳排放权交易试点于2012年在全国率先启动建设，2013年12月正式开始运行。截至2018年年底，广东碳市场排放总量已达到4亿吨左右，配额规模高居全国首位、世界第三（仅次于欧盟、韩国碳市场）。经过多年探索，广东省逐步将占全省碳排放约65%的钢铁、石化、电力、水泥、航空、造纸六大行业约250家企业纳入碳市场范围，交易量及交易额均列全国七个试点碳市场首位，是法规体系健全完善、监管真实有效、市场主体参与度高的区域碳排放权交易市场。

一是企业碳强度进一步下降。2018年度，电力、石化、造纸、民航行业单位产品碳排放量同比分别下降0.7%、2%、1.2%、3.1%，广东燃气机组、1000MW大容量燃煤机组发电量占控排电力企业发电量的比例约36%，比2013年度碳市场启动之初提升将近8个百分点，发电结构日趋低碳化。

二是配额交易量领跑全国、交易量价齐升。广东碳市场2018年度配额交易量达4991万吨，累计交易量达1.3亿吨，是国内首个成交量突破亿吨的试点碳市场；交易金额达8.4亿元，累计交易金额达23.2亿元，年度配额交易量和交易额分别占试点碳市场总量的56%和46%，继续稳居全国首位。碳配额交易量价齐升，2018年度二级市场交易量较2017年度上升162%，是试点初期（2013—2014年度）二级市场交易量的16倍；配额价格比历史最低价上涨219%。

三是主体投资热情高涨，得到各方的高度关注。广东碳市场交易量价齐升的良好发展态势吸引了省内外及境外机构的广泛关注，交易量前五位的投资者（均为机构投资者）有三位来自省外，境外投资机构通过跨境人民币交易碳排放权104万吨，超过2014—2017年的成交总和。广东碳交易国际影响力进一步扩大，2019年3月，欧盟碳市场的主要交易平台欧洲能源交易所与广州碳排放权交易所签署了合作协议。

四是碳金融发展获国家重点政策支持。党中央、国务院出台的《粤港澳大湾区发展规划纲要》中明确支持广州市研究设立以碳排放为首个品种的创新型期货交易所。创新发展碳排放权远期交易、托管、回购、抵押融资等各类碳金融产品，提升碳市场流动性，促进企业实现低成本减排。2018 年度，全国上市企业首笔、全国航空业首笔碳排放权抵押贷款在广东落地。

五是以碳交易市场机制助推生态补偿、精准扶贫工作。初步建立起以碳市场结合碳普惠制的市场化生态补偿机制，允许贫困老区、中央苏区、革命老区、民族地区的林业碳汇类的碳普惠减排项目作为广东碳市场补充机制。2018 年度，碳普惠核证减排量成功竞价成交 12 万吨，近年累计签发 84 万吨，其中来自上述地区的减排量 30 余万吨，为这些地区创造逾 500 万元收入，为广东区域协调发展、精准扶贫提供了有效市场化机制。

（二）香港碳金融市场发展现状

与广东碳排放交易市场相比，香港排放权交易平台起步较晚，2014 年才由香港排放权交易所和环球能源公司联合推出。目前主要产品有国家核证（自愿）减排量、核证减排量两种。总体来看，香港碳排放权交易市场的流动性不高，产品种类较少，这可能与当地以服务业为主的经济结构有关，也与投资者认识不够充分有关。具体而言，由于目前香港没有强制实施碳配额规定，而是采取自愿减排制度，导致整体碳排放权交易积极性不高，投资者对碳市场的信心不足，市场的流动性比较差。但本质原因是香港的绿色发展理念一直较强，而且其产业结构中低碳服务业占绝对大的比重，所以很难形成较大规模的碳交易存量，整个碳交易市场肯定也要滞后于内地。

（三）粤港碳金融市场对比分析

通过对比分析广东与香港的碳市场交易制度，可以发现广东碳市场发展相对成熟，有比较完善的监督管理机制，而香港碳市场对国际投资者更加具有包容性，并且交易机制相对灵活。具体表现为以下四个方面：

第一，在市场参与者准入方面，广州、深圳、香港三地的碳市场均对境外投资者开放，但广州和深圳的市场参与主体主要是境内企业或个人，对境外投资机构存在一定限制；从碳交易收费标准上来看，深圳市对境外投资机构的收费标准偏高，广州碳市场对会员的收费标准较低。

第二，在碳产品交易方面，广州、深圳的碳排放交易方式更加丰富，例如大宗交易、挂牌点选择、协议转让等，但对价格涨跌幅有10%的限制。相比而言，香港的碳交易方式非常单一，目前只接受限价委托申报，但整个交易过程较长，对价格涨跌幅并无限制。

第三，在结算方面，香港碳市场采取比较灵活的T+0交收制度，接受多币种结算；广州和深圳则是T+1交收制度，碳市场结算只限于人民币（深圳针对境外投资者采用多币种）。

第四，广州碳排放权交易所和深圳排放权交易所对核证减排量的抵消比例有一定限制，例如CCER的抵消上限为10%，广东省企业用于抵消的CCER绝大部分来自省内。而香港并未涉及该方面条例。

二　国际碳市场的区域融合经验借鉴

绿色环保理念在全球日趋成熟，粤港澳大湾区碳市场下一步也要与国际接轨，目前国际层面已有多个国家或地区之间实施“碳市场链接”，这些经验值得我们学习借鉴。

碳市场链接的形式主要分为两大类，一类是伞形链接合作，另一类是平行链接合作。当前，欧盟与冰岛、挪威、列支敦士登之间的碳市场链接属于伞形链接合作；美国加利福尼亚州与加拿大魁北克省之间、瑞士与欧盟之间的碳市场链接则属于平行链接合作。所谓伞形链接合作，是指多个国家间采用统一的碳排放交易法律制度，但同时也各自保留部分立法权限。所谓平行链接合作，是指合作双方在制度设计、交易体系、减排成本等方面存在较大差异，在合作过程中对配额分配、监测核查、价格管控、抵消机制等方面有很大的兼容性。目前，全球已经开展或计划开展的碳交易市场链接合作情况如表 7－1 所示。

表 7－1　　国际碳交易市场链接合作实例

链接合作模式	链接合作双方	双方碳排放权交易系统相似性	区别	链接措施
伞形对接合作	欧盟——冰岛	1. 强制减排体系 2. 绝对减排目标 3. 注册体系 4. 监测措施	—	冰岛需向欧盟监督局提交国家分配计划，沿用与欧盟一致的减排计划
	欧盟——挪威	1. 绝对减排目标 2. 减排区间 3. 配额发放机制 4. 罚款机制	免费配额发放数目不同	挪威根据欧盟指令对自身碳排放权交易系统改革，国家分配计划须经欧盟监督局审核，扩充交易系统覆盖范围
平行对接合作	美国加州——加拿大魁北克	1. 遵守 WCI 交易 2. 减排目标 3. 控排规定 4. 配额拍卖规则 5. 价格控制机制	1. 排放源与碳汇 2. 配额分配规则 3. 抵消机制	共同签署总体合作框架，构建咨询委员会，协调双方碳市场
	欧盟——瑞士	1. 绝对减排目标 2. 配额储备	1. 控排气体覆盖范围 2. 减排体独立核实年度排放报告要求	瑞士修订碳排放权交易系统，从自愿减排变为强制减排，借鉴欧盟配额机制实行免费发放与拍卖结合

资料来源：魏庆坡：《碳交易市场跨国合作法律问题研究》，对外经济贸易大学出版社 2019 年版。

从国际碳市场区域融合发展的案例可以归纳出以下四点经验：

第一，碳交易市场链接的一个重要前提是两国市场有较大的兼容共通之处。在伞形链接合作模式下，冰岛、挪威以及列支敦士登都对本国的碳排放权交易系统进行调整，以适应欧盟碳市场；在平行链接合作模式下，美国加州与加拿大魁北克均按照"西部气候倡议"交易体系框架，瑞士也调整了自身的碳交易机制并与欧盟保持一致。

第二，在两国碳交易市场链接合作过程中，一般由体量较小的市场进行适应性调整、改革。例如，欧盟作为全球最大的碳排放权交易市场，其交易系统的法律规范、机制设计、目标条件等非常成熟，并且在全球具有权威影响，那么与欧盟进行碳交易合作的其他国家则需根据欧盟要求进行修整，以达到欧盟碳交易市场合作条件。

第三，碳交易市场链接合作并不是要求两国市场基础完全一致，一些不重要的市场差异并不妨碍双方碳交易市场合作。通常情况下，两国碳交易市场应在价格管控机制、国际抵消项目认可、惩罚机制等方面保持协同一致，但是从挪威与欧盟行业覆盖差异、加州与魁北克配额发放、抵消信用之间的差异可以看出，细微差异丝毫不会对两国碳市场合作产生影响。

第四，碳交易市场链接合作后将会影响两国市场的碳分配价格以及流动性。例如，美国加利福尼亚州与加拿大魁北克省链接合作之后，西部气候倡议组织与加州空气资源委员会进行了一项测算，两国市场合作后加州的 GDP 增长了 0.04%。链接合作后，魁北克碳交易市场的配额价格有所下降，加州碳交易市场的配额价格有所提升。在流动性方面，魁北克将从加州购买多余配额，这部分配额收入可以弥补加州因碳配额价格上升而提高的减排成本。

三　粤港澳大湾区碳金融市场融合发展的几点建议

第一，积极推进香港加入国家碳排放交易体系，构建离岸碳市场平台。现阶段国家已经明确建设统一的碳排放交易体系，香港作为粤港澳大湾区的前沿阵地，应及时跟进，可将航空业等本地大型排放行业纳入国家碳排放交易体系。此外，香港应积极打造中国企业境外碳市场交易平台，联合国家发改委制定中资企业"一带一路”碳排放权交易制度，根据清洁发展机制项目签发碳排放权配额，进而形成我国企业境外碳交易的市场基础。针对粤港澳大湾区外资企业碳排放问题，可鼓励灵活选择配额交易区域，配额不足可安排境外母公司在香港进行交易补足。

第二，支持深圳碳金融产品在大湾区推广应用。基于深圳在绿色低碳领域的影响力与创新力，建议将深圳在碳金融产品的先行探索经验在大湾区推广应用。笔者在本书撰写过程中赴深圳市进行专题调研，总结梳理了深圳碳金融创新服务情况，具体如表7－2所示。

表7－2　　深圳碳金融产品介绍

产品名称	产品概念	产品功能
碳资产质押融资	碳资产质押融资是指管控企业通过以碳资产为质押物向银行申请贷款的融资方式。具体操作方式是管控企业向交易所提交碳资产质押业务申请，交易所为管控企业出具配额所有权证明和碳价分析报告，管控企业持相关材料向银行申请贷款，并签订借款合同和质押合同，并向发改委申请办理质押登记，最后银行完成放款流程	通过碳资产质押融资，管控企业可以盘活碳资产，更加灵活地管理碳资产，提前变现，减少资金占用压力。由市碳交易主管部门委托交易所出具质押监管见证书，碳资产的安全有保障，可以提高企业的融资信用。对于激励管控企业提升碳资产管理水平和温室气体减排力度具有积极的推动作用
境内外碳资产回购式融资	配额/CCER持有者向金融机构或碳市场其他机构参与人出售配额/CCER，并约定在一定期限后按照约定价格回购所售配额，从而获得短期资金融通。投资者既可以是境内投资者，也可以是境外投资者	帮助管控企业盘活碳资产，拓宽融资渠道，降低融资成本。同时，吸引境外投资者参与国内碳市场，引进境外资金参与国内低碳发展

续表

产品名称	产品概念	产品功能
碳债券	碳债券是政府、企业为筹集低碳经济项目资金而向投资者发行的、承诺在一定时期内支付利息和到期还本的债务凭证，其核心特点是将低碳项目的减排收入与债券利率水平挂钩，通过碳资产与金融产品的嫁接，降低融资成本，实现融资方式的创新	依托项目基础资产的收益，附带通过在交易所出售实现的碳资产收益发行债券，将碳交易的经济收益与社会引领示范效应结合，降低综合融资成本，为低碳项目开拓新的融资渠道，同时吸引境内外的投资者参与低碳建设
碳配额托管	碳配额托管交易机制是一种资产托管手段，管控企业与交易所认可的托管机构签订碳配额托管协议，约定接受托管的碳配额标的、数量和托管期限，以及可能获取的资产托管收益；托管机构在托管期代为交易，利用自身专业的资产管理手段实现资产增值，并在托管结束后再将一定数量的配额返还给管控企业以实现履约的模式	碳配额托管交易机制能够极大地促进碳交易市场的流动性，专业的碳资产托管服务为管控企业免除了自身高价培养专业碳操盘人才的顾虑和费用，让企业在稳健履行（或获得收益或低成本履约）的同时能更加专注于主营业务
绿色结构性存款	通过结构化设计，项目在常规存款产品基础上，对收益组成进行重新安排，引入碳配额/CCER 作为新的支付标的，是一种收益增值产品	通过在碳金融领域的存款类产品创新，帮助碳市场管控企业，既能获得稳定的财富增长，还能实现碳配额资产的高效管理，充分实现收益最大化
碳基金	碳基金是由政府、金融机构、企业或个人投资设立的专门基金，致力于在购买碳配额或经核证的项目减排量，经过一段时期后给予投资者碳信用、碳配额或现金回报，以帮助改善气候变暖	碳基金作为一类新型基金产品不仅丰富了资本市场投资品种，还通过吸引基金市场投资者广泛关注碳交易和碳资产，推动了碳交易和气候变化理念的普及，对于我国培育低碳投资市场和绿色投资偏好投资者具有重要的实践意义

资料来源：深圳排放权交所金融部。

第三，加大广州跨境碳排放交易外汇业务开放力度。目前，深圳碳交易市场已经完全向境外投资者开放，并且碳交易不限币种、不限额度，可直接采用外汇进行交易。相比而言，广州碳交易市场的外汇业务开放力度较弱，尤其在跨境碳排放权交易方面，境外投资者还不能直接采用外汇交易。在粤港澳大湾区全面融合开放之际，广州碳交易市场应把握好国家战略机遇期，充分借鉴深圳相关经验，稳步有序放开外汇管制，真正实现粤港澳大湾区碳金融融合发展。

第四，参考国际碳市场链接合作模式，推进我国碳交易市场与国际对接。我国作为发展中国家并没有承担强制性碳减排任务，相较于欧盟碳排放权交易体系中规定的绝对减排限量制度，我国更适合采用相对减排限量制度。虽然我国与欧盟地区的碳排放交易制度存在较大差异，但为了对标国际最新水平，可探索性选择我国碳排放较为成熟稳定的地区、行业采取绝对减排目标。具体而言，在充分考量粤港澳大湾区绿色金融优势的基础上，选择在深圳市碳交易市场设定绝对减排限量，原因有二：一是深圳强大的科技创新基础，二是碳交易市场的成熟优势。

第八章　绿色金融支持黄河流域生态保护和高质量发展

本章虽然是全书比较靠后的一章，但笔者认为这一章是全书最重要的一章，原因有二：第一，从专业角度来看，党的十八大以来，党中央确立的国家重大区域发展战略中，黄河流域生态保护和高质量发展战略是最新公布的战略（2019 年 9 月 18 日），并且截至本书撰写期间，黄河流域生态保护和高质量发展战略也是唯一尚未出台发展规划的战略，所以本章的研究极具时效性和前瞻性，对于顶层设计、地方规划都有参考价值。第二，从笔者个人角度而言，在撰写过程中，先后在长三角地区、粤港澳大湾区、京津冀地区等开展实地调研，不过投入精力最大、耗时最长的调研还是沿黄 9 省的考察，所以许多一手调研资料都会在本章呈现给读者。本章主要聚焦三个方面的问题：一是黄河流域生态保护和高质量发展战略的最新进展；二是绿色金融支持黄河流域生态保护和高质量发展战略的路径分析；三是绿色金融如何融入黄河流域重要城市群建设，助力高质量发展。

第一节　黄河流域生态保护和高质量发展战略的最新进展

关于黄河流域生态保护和高质量发展的最新进展，本书从三个层面进行梳理，一是战略本身的最新动态，二是学术界关于这一最新国家战略的观点综述，三是沿黄省份的战略布局。

一　中央层面关于黄河流域生态保护和高质量发展的论述

2019 年 8 月 26 日，习近平总书记在中央财经委员会第五次会议上发表重要讲话，该讲话的部分内容刊发在《求是》杂志 2019 年第 24 期《推动形成优势互补高质量发展的区域经济布局》一文中，习总书记在文章中指出，党的十八大以来，党中央提出了京津冀协同发展、长江经济带发展、共建“一带一路”、粤港澳大湾区建设、长三角一体化发展等新的区域发展战略。下一步，我们还要研究黄河流域生态保护和高质量发展问题。

2019 年 9 月 18 日上午，习近平总书记在河南省郑州市召开黄河流域生态保护和高质量发展座谈会，这个座谈会是具有标志性意义的会议，习总书记指出，黄河流域生态保护和高质量发展，同京津冀协同发展、长江经济带发展、粤港澳大湾区建设、长三角一体化发展一样，是重大国家战略。习总书记还就黄河流域的重要地位、黄河治理的现状和问题、黄河流域生态保护和高质量发展的主要任务等发表了重要意见，这些意见对于今后黄河流域发展具有重大指导意义。

2019 年 11 月 5 日，习近平总书记在第二届中国国际进口博览会开幕式上发表主旨演讲时提到，中国将继续推动京津冀协同发展、长江经济带发展、长三角区域一体化发展、粤港澳大湾区建设，并将制定黄河流域生态保护和高质量发展新的国家战略，增强开放联动效应。中国有两大母亲河，一个叫长江，一个叫黄河。我们将在两河流域进一步科学布局。

2019 年党的十九届四中全会《中共中央关于坚持和完善中国特色社会主义制度　推进国家治理体系和治理能力现代化若干重大问题的决定》中提到，加强长江、黄河等大江大河生态保护和系统治理。

2019 年 12 月 29 日，新华社评出 2019 年国内十大新闻，将黄河流域生态保护和高质量这一国家重大区域战略列为国内十大新闻之一。

2019 年 12 月 31 日，习近平总书记发表 2020 年新年贺词，贺词中提到，2019 年京津冀协同发展、长江经济带发展、粤港澳大湾区建设、长三角一体化发展按下快进键，黄河流域生态保护和高质量发展成为国家战略。

2020 年 1 月 3 日下午，习近平总书记主持召开中央财经委员会第六次会议，研究黄河流域生态保护和高质量发展问题、推进成渝地区双城经济圈建设问题。习总书记指出，黄河流域必须下大气力进行大保护、大治理，走生态保护和高质量发展的路子，推进兰州—西宁城市群发展，推进黄河“几”字弯都市圈协同发展，强化西安、郑州国家中心城市的带动作用，发挥山东半岛城市群龙头作用，推动沿黄地区中心城市及城市群高质量发展。

二　学术界关于黄河流域生态保护和高质量发展的论点综述

自黄河流域生态保护和高质量发展上升为国家战略后，学术界关于这方面的研究也开始起步，虽然比较系统的学术成果不多，但仍表达出一些探索性的观点，大致分为两个方面：一是黄河生态如何治理，二是如何推进黄河高质量发展。

陈怡平和傅伯杰（2019）分析了黄河源头水源涵养区的草原退化原因，黄河干支流的水质问题、水量问题、泥沙问题，黄河三角洲的海水侵蚀问题、环境污染问题、外来物种入侵问题，并提出四方面建议：重新调整黄河水资源分配方案、建立水权交易制度、出台黄河流域“多规合一”中长期高质量发展规划、实施“黄河文化一线牵”计划。杨凤杰（2019）实证分析了黄河流域各省水利发展的情况，其中，河南省的水利发展水平最高，山东省水资源利用率最高，山西省水环境保护最好，宁夏回族自治区水生态修复最好。郭晗（2019）从跨区域综合管控机制和生态保护刚性约束机制为黄河流域生态环境保护提出了政策建议。

陆大道（2019）认为新时代黄河流域综合治理与可持续发展应主要考虑五个方面，一是持续推进能源的清洁高效利用；二是因地制宜重点推进产业发展，防止热衷于铺新摊子；三是不搞粗放式大开发，逐步实现区域一体化发展；四是搞好资源耕地保护，发展高品质绿色生态农业；五是稳步推进乡村振兴战略。陆大道还对“黄河经济带”的概念进行了论述，认为在全国层面不存在“黄河经济带”的概念，原因有二：一是黄河没有航运之利，二是黄河流域没有门户城市与枢纽城市。任保平（2019）认为黄河流域高质量发展要依据主体功能区的建设思路，在绿色发展导向下进行分类发展、联动发展、协同发展、合作发展的五位一体模式。师博（2019）分析了黄河流域中心城市的高质量发展路径，认为在遵循客观发展规律的基础上，走发展创新驱动体系、壮大现代化产业体系、完善公共产品和服务供给体系、培育绿色发展体系和强化硬件保障体系的道路。钞小静（2019）从机制创新的视角进行分析，认为通过健全生态环境补偿机制、横向财政转移机制、利益约束机制，共同推动黄河流域一体化高质量发展的协调管理机制。高煜（2019）构建了黄河流域高质量发展的现代产业体系，包括高质量产业体系、高质量要素体系、高质量产业基础体系、高质量产业空间体系、高质量产业分工协作体系、高质量开放体系。

三 沿黄省份践行黄河流域生态保护和高质量发展战略的主要任务

2019 年 9 月 18 日，习近平召开黄河流域生态保护和高质量发展座谈会后，沿黄 9 省区的党委主要负责人结合各地区发展实际，提出了下一步黄河保护治理、高质量发展的工作要点和发展方向。由于这些材料内容较多，信息量较大，为了更直观地呈现沿黄 9 省区的战略布局，本书用表格形式加以介绍。具体内容见表 8 - 1。

表 8 - 1 沿黄 9 省区践行黄河流域生态保护和高质量发展战略的工作要点

省份	主题	措施
山东省	地处黄河下游 工作力争上游	1. 突出黄河三角洲保护，打造黄河流域生态建设先行区。2. 突出治水患、防干旱，打造黄河长久安澜示范带。3. 突出加快动能转换，打造沿黄现代产业大走廊。4. 突出深化制度创新，打造黄河流域对外开放创新通道。5. 突出讲好“黄河故事”，打造世界文明交流互鉴高地

续表

省份	主题	措施
河南省	在新时代“黄河大合唱”中谱写出彩的河南篇章	1. 在深刻领会习近平总书记重要讲话精神中感悟黄河保护治理的千钧分量。2. 立足河南实际抓牢黄河保护治理的着力点。3. 以足够的历史耐心和战略定力推进黄河保护治理
四川省	强化上游意识 确保黄河清水东流	1. 坚持以习近平生态文明思想为引领，切实担负起筑牢黄河上游生态屏障的政治责任。2. 坚持以解决突出环境问题为重点，扎实抓好四川黄河流域生态保护和治理。3. 坚持以建设川西北生态示范区为抓手，推动四川黄河流域高质量发展。4. 坚持以构建协同联动工作机制为保障，形成齐抓黄河保护和发展的强大合力
陕西省	在黄河流域生态保护和高质量发展中展现陕西担当	1. 扎实搞好黄河流域保护与治理。一是突出抓好水土保持，二是全力推进污染治理，三是确保黄河长久安澜，四是着力提高水资源利用水平。2. 推动黄河流域高质量发展。一是坚持创新驱动发展，二是推进产业转型升级，三是统筹区域城乡发展，四是提升对外开放水平。3. 大力保护传承弘扬黄河文化。一是延续黄河历史文脉，二是挖掘黄河文化时代价值，三是展示黄河文化魅力
甘肃省	切实担负起黄河上游生态保护重任	1. 全面打好水源涵养主动战。2. 全面打好水土保持阵地战。3. 全面打好污染防治攻坚战。4. 全面打好节水治水整体战。5. 全面打好水患治理持久战
山西省	建设沿黄生态屏障推动流域地区高质量发展	1. 坚持加强“两山七河”生态系统保护修复，筑牢筑好京津冀的重要生态屏障。2. 坚持环保倒逼转型发展，逐步推动形成绿色生产生活方式。3. 坚持以“三大目标”为引领，巩固提升全省高质量转型发展强劲态势。三大目标：建设资源型经济转型发展示范区、打造全国能源革命排头兵、构建内陆地区对外开放新高地。4. 坚持保护传承弘扬黄河文化，持续推进文旅深度融合。5. 坚持以深度举措攻坚深度贫困，确保沿黄老区人民如期实现全面小康

续表

省份	主题	措施
内蒙古自治区	为保护母亲河打造幸福河做出内蒙古的贡献	1. 提高政治站位，坚决担负起内蒙古推动黄河流域生态保护和高质量发展的职责使命。2. 坚持综合施策，切实保护好治理好沿黄地区生态环境。3. 加快绿色转型，着力推动沿黄地区高质量发展
青海省	肩负起保护黄河的重要责任	1. 深入推进重大生态工程。2. 加强黄河源头生态管护。3. 因地制宜推动绿色发展，持续改善民生福祉。4. 有效保护民族文化
宁夏回族自治区	精心呵护母亲河建设美丽新宁夏	1. 必须坚持安全至上。要把保障黄河长治久安作为首要任务、重要职责，聚焦根治水患、落实防治措施，既坚决保障黄河宁夏段的安全，又主动维护黄河下游流域安全。2. 必须坚持生态优先。以系统化的思维、综合性的措施、强有力的手段，上下游统筹、干支流共治、左右岸齐抓，生态保护、生态治理、生态建设三管齐下、协同发力，还黄河水净、使黄河健康。3. 必须坚持发展为要。坚持经济生态相协调、大力转方式，坚持加法减法一起做、加紧调结构，坚持破旧立新两手抓、加速动能转换

资料来源：作者根据《求是》2019 年第 21 期整理。

第二节　绿色金融支持黄河流域生态保护和高质量发展的路径

黄河流域是我国北方重要的生态屏障，全国重要的农牧业生产基地、矿产资源基地、能源基地，但同时也是我国生态脆弱区，整个流域的经济发展严重不平衡。目前来看，黄河流域面临的问题可以分为两大类，第一大类是生态环境治理问题，主要有四方面短板；第二大类是高质量发展问题，同样也存在四方面短板。因此，金融机构尤其是绿色金融如何支持好这一国家战略、解决好这些问题短板，是一项极具现实意义的重大课题。

一　黄河流域绿色发展面临的问题

当前，黄河生态治理步入关键阶段，但是仍存在四方面短板：第一，黄河流域的水土流失现象比较严峻。虽然我们前期取得了世人瞩目的治理成果，但目前仍然有几万平方千米区域水土流失十分严重，尤其是暴雨时节大量沙土进入黄河主河槽以及三门峡水库，影响黄河下游安全。第二，淤地坝年久失修、基础设施老化。黄河流域很多淤地坝修建于 20 世纪 70 年代，目前许多工程设施都需要安全加固，部分淤地坝的防洪功效已经丧失。第三，退耕还林的后续压力较大。80% 的生态林是不具备生态价值的，退耕还林的农户多数依赖于国家补助，但第二轮的退耕补助已经到期，后续农户退耕还林的积极性很可能会大大减小。第四，黄河湿地的生态保护与开发矛盾较突出。目前黄河湿地生态系统的管理仍然是“多头管理”的局面，没有打破地域限制，生态旅游的规划、开发比较滞后，尤其是缺乏与生态保护相协调的黄河旅游开发。

在黄河流域高质量发展方面，同样存在四方面的发展短板：第一，流域多个省份都面临绿色转型发展问题，例如山西省严重依赖矿产资源型主导产业，“二三一”产业结构明显，高耗能、高污染的产业弊端亟须绿色转型。第二，新旧动能转换的迫切需要。客观来讲，不仅仅是黄河流域，放眼全国，新旧动能转换都是经济发展在当前特定阶段必须解决的问题。以黄河流域经济水平最高的山东省为例，传统动能转换动力不足，新兴动能培育过慢，经济发展面临的压力较大。第三，区域发展不均衡问题，也是整个黄河流域高质量发展面临最大的问题。以两组数据为例，山东省东营市与青海玉树州的人均 GDP 差距在 10 倍以上；黄河流域既有西安、郑州、济南等多个国家中心城市、区域中心城市，也涉及 5 个集中连片特困区。第四，流域内缺少龙头带动、区域增长极。与长江经济带不同，黄河流域没有像上海这样的龙头带动，也没有长三角这样的区域增长极，若干城市群也不如长江流域四大城市群那样星光闪耀。

二　绿色金融支持黄河流域生态保护和高质量发展的主攻方向

黄河流域生态保护和高质量发展离不开金融业的全方位支持，开发性金融、政策性金融、绿色金融、普惠金融等多种金融支持模式都适用于助力黄河流域生态保护和高质量发展，但从目前来看，黄河流域的首要任务仍是“大保护、大治理”，因此要重点发挥绿色金融的支持优势。

按照上中下游流域划分，绿色金融支持的重点方向可以做以下安排：对于黄河上游而言，绿色金融应搭配开发性金融重点围绕“重大生态保护修复和建设工程”提供融资服务；对于黄河中游而言，绿色金融应搭配农业政策金融重点围绕“旱作梯田建设、淤地坝维护”提供资金支持；对于黄河下游而言，绿色金融要重点围绕“黄河三角洲生态保护、黄河滩区治理”提供资金融通。从整个黄河大生态系统来看，可在黄河流域生态修复、重点生态功能区环境保护、绿色节能产业等方面设立黄河绿色生态专项基金。按照“以水定城”的思路，坚持“量水而行、节水为重”，绿色信贷资源要优先流向节水产业、节水技术、节能环保工程、能源绿色技术创新等绿色发展领域，引导企业、居民的用水方式向节约集约转变。

按照沿黄产业领域划分，绿色金融的支持重点领域可作以下安排：一是生态农业，充分发挥“绿色债券”功能支持青海三江源、甘南州、祁连山等生态高地及河套灌区与汾渭平原等粮食主产区，采用绿色企业债支持生态农林项目、有机农业等，采用绿色金融债、绿色公司债等支持生态农牧渔业、生物质资源回收利用等。二是绿色工业，重点在西安、郑州、济南、兰州等国家中心城市、区域中心城市开展绿色金融与绿色工业对接，在“工业能效提升、清洁生产改造、资源综合利用、绿色制造体系建设”四个方面集中发力（具体如表 8 - 2 所示）。三是生态旅游业，加大绿色金融支持黄河流域国家公园体系建设的力度，探索公益性生态绿色项目的营利模式，将绿色金融与生态旅游、脱贫攻坚、乡村振兴有机结合，优先将有稳定收益的生态旅游项目纳入地方绿色 PPP 项目库。

表 8－2　　黄河流域绿色金融支持工业绿色发展的重点领域

	重点领域	具体措施
绿色金融＋绿色工业	工业能效提升	1. 支持重点高耗能行业应用高效节能技术工艺。2. 加快推广高效节水技术和装备。3. 推动能源消费结构绿色低碳转型。4. 推进绿色产业块数据中心建设
	清洁生产改造	1. 推进焦化、建材、有色金属、化工、印染等重点行业企业实施清洁生产改造。2. 在钢铁等行业实施超低排放改造
	资源综合利用	1. 支持实施大宗工业固废综合利用项目。2. 推进废钢铁、废塑料等再生资源综合利用。3. 高端智能再制造
	绿色制造体系建设	1. 支持企业参与绿色制造体系建设。2. 支持创建绿色工厂。3. 发展绿色园区。4. 开发绿色产品。5. 构建绿色供应链

三　绿色金融支持黄河流域生态保护和高质量发展的路径研究

近年来黄河流域的生态保护工作取得了阶段性进展，不过流域内很多省区产业结构偏重、布局偏乱、污染物排放量大，如果单单依靠末端治理不仅成本较高，而且效果也不明显，无法从根本上解决黄河流域的环境问题；一些地区的生态环境基础设施建设、企业绿色转型升级的融资渠道过窄，融资成本高，严重影响了黄河流域生态保护和高质量发展的进程。因此，要充分发挥绿色金融在黄河流域绿色发展中的积极作用，引导和激励更多金融资本参与黄河流域生态治理，促进经济高质量发展。

（一）基本原则

坚持系统思维。黄河流域生态保护和高质量发展战略作为国家重大战略，是一项系统性工程，要综合运用财政、金融、环保等政策，针对不同领域、不同性质、不同规模的绿色项目，开展多元化、多层次的政策支持。坚持问题导向。要针对黄河流域生态治理、高质量发展政策激励不足，绿色产业融资难、融资贵，绿色金融产品创新不足，绿色投融资信息不对称等问题精准施策，逐项突破。坚持金融创新。扎根市场，深入调研，积极推进绿色金融制度创新、机制创新、产品创新、服务创新，不断丰富与黄河流域相适应的绿色金融产品供给，提高绿色金融服务能力。坚持风险底线。提高对绿色金融风险的甄别能力，完善绿色金融风险监管体系，有效化解各类金融风险。

（二）目标任务

保护修复生态环境。鼓励金融资本参与黄河流域生态综合治理、黄河上游生态修复、黄河三角洲保护等重大工程，探索公益性生态项目的盈利模式，打通绿水青山向金山银山转换的通道。提升生态环保基础设施。发挥绿色金融优化资源配置的功能，倒逼沿黄省区企业绿色转型升级，抑制对高耗能高污染企业的投资。培育壮大绿色产业。支持节能环保、绿色交通、绿色建筑等绿色产业发展，支持沿黄省区绿色产业通过资本市场做大做强，为黄河流域生态保护提供产业支撑。

（三）具体路径

第一，绿色信贷支持黄河流域生态保护和高质量发展的路径。在风险可控、商业可持续的前提下，支持银行业金融机构开辟绿色信贷研发、审批、推广专项通道，对严重破坏黄河流域生态环境且整改无望的落后企业暂停授信，对黄河流域生态修复、环保基础设施等项目贷款进行风险补偿，沿黄地区根据实际情况对绿色信贷进行贴息。

第二，绿色投资支持黄河流域生态保护和高质量发展的路径。积极利用政府债券资金支持黄河流域生态保护，探索发行生态环保项目收益专项债券，鼓励环保产业园区企业上市，对环境基础设施的未来收益权进行资产证券化，支持发行黄河流域生态修复债券等绿色债券。

第三，绿色担保支持黄河流域生态保护和高质量发展的路径。对为中小企业绿色信贷提供担保的第三方担保机构提供风险补偿，对为非金融企业发行黄河流域生态修复债券等绿色债券提供担保的第三方担保机构予以奖励，完善中小企业绿色集合债担保风险补偿机制。

第四，绿色基金支持黄河流域生态保护和高质量发展的路径。支持沿黄9省区设立各类绿色发展基金，促进流域内生态修复、绿色产业发展、环保基础设施建设等。创新绿色PPP模式，鼓励将黄河流域水体污染、矿区生态修复、湿地旅游等有稳定收益的项目优先纳入项目库。

第五，绿色保险支持黄河流域生态保护和高质量发展的路径。在黄河干支流沿河流域开展环境污染强制责任保险，对环境污染责任保险的投保企业予以财政金融支持，鼓励保险机构参与黄河流域生态治理建设。

第六，建立健全环境权益交易市场。推行碳排放权、排污权、节能量等交易，建立流域用能权交易市场，探索发展碳基金、碳债券、碳租赁、碳资产证券化等绿色金融产品，支持金融机构开展排污权抵押贷款，建设黄河流域绿色产业块数据中心。

第七，支持沿黄各省区申报国家级绿色金融改革创新试验区。充分借鉴现有5家国家绿色金融改革创新试验区的经验，并结合地方绿色金融特色、资源禀赋、产业优势、区位特定，确定主题，积极申报，探索绿色金融支持黄河流域生态保护和高质量发展的新路子。

第三节 绿色金融支持沿黄流域中心城市及城市群高质量发展的路径

习近平总书记在中央财经委员会第六次会议上指出，要推进兰州—西宁城市群发展，推进黄河“几”字弯都市圈协同发展，强化西安、郑州国家中心城市的带动作用，发挥山东半岛城市群龙头作用，推动沿黄地区中心城市及城市群高质量发展。这一最新论述，阐明了要实现黄河流域高质量发展，一个重要的抓手就是推进黄河流域城市群的高质量发展。在黄河流域生态大保护、绿色发展的背景下，如何将绿色金融的优势效能更好地转化为城市群高质量发展的持续动力，是极具研究价值和实践意义的课题。

一　黄河流域主要城市群的发展现状

在谈及黄河流域城市群时，我们往往会联想到长江流域的三大城市群，对比分析一南一北这两大母亲河。2019 年恒大研究院对全国 19 个城市群[①]的发展潜力进行了综合排名（如表 8 – 3 所示），比较直观地反映了两大流域之间的差距，在前五位中长江流域城市群

表 8 – 3　　　　2019 年中国主要城市群发展潜力排名

位次	城市群名称	位次	城市群名称
1	长三角城市群	11	北部湾城市群
2	珠三角城市群	12	哈长城市群
3	京津冀城市群	13	山西中部城市群
4	成渝城市群	14	黔中城市群
5	长江中游城市群	15	呼包鄂榆城市群
6	海峡西岸城市群	16	滇中城市群
7	山东半岛城市群	17	天山北坡城市群
8	中原城市群	18	兰州—西宁城市群
9	辽中南城市群	19	宁夏沿黄城市群
10	关中平原城市群		

资料来源：恒大研究院。

① 19 个城市群是根据 2014 年《国家新型城镇化规划（2014—2020 年）》及“十三五”规划确定的，具体包括：长三角、珠三角、京津冀、山东半岛、海峡西岸、哈长、辽中南、中原、长江中游、成渝、关中平原、北部湾、山西中部、呼包鄂榆、黔中、滇中、兰州—西宁、宁夏沿黄、天山北坡城市群。

占据三个位置，而黄河流域城市群无一上榜，即使流域中经济最发达的山东半岛城市群仅仅位于第七，黄河流域大部分城市群都排在最后五位，充分说明了黄河流域城市群高质量发展的紧迫性、重要性。

具体来看，在黄河流域上游青海省、甘肃省、宁夏回族自治区等经济发展比较落后的省区，规划的国家级城市群有“兰州—西宁城市群”（以下简称“兰西域市群”）和“宁夏沿黄城市群”。在黄河流域中游，有围绕西安这一国家中心城市打造的“关中平原城市群”，有围绕郑州这一国家中心城市打造的“中原城市群”，另外在黄河“几”字弯都市圈，有由内蒙古自治区、陕西省部分地级市组成的“呼包鄂榆城市群”。在黄河流域下游，主要依托我国第三经济大省山东，打造以济南省会都市圈、青岛胶东半岛都市圈为主的山东半岛城市群。按照中央的顶层规划，黄河流域未来会主要在五大城市群发力，按照黄河流向依次是兰西城市群、呼包鄂榆城市群、关中平原城市群、中原城市群、山东半岛城市群。

虽然黄河流域的国家级城市群数量多于长江经济带，但整体发展质量不高，协同性、互动性、互补性不如长江流域三大城市群，对标分析，山东半岛城市群的龙头带动作用没能彰显，自身处于新旧动能转换胶着期，还没有像长三角地区那样形成黄河流域的增长极；郑州、西安虽然为国家中心城市，但综合实力不足，尚未发挥国家中心城市的引领力，无论是关中平原城市群还是中原城市群都处于培育期，尤其在新能源领域、高端智能制造领域、资源枯竭型城市产业转型方面动力不足；呼包鄂榆城市群资源型产业转型升级任务艰巨，战略性新兴产业和现代服务业发展相对滞缓，生态系统比较脆弱，环境容量也较为有限；兰西城市群传统产业比重高、生态主题不够鲜明，绿色循环型产业体系未能建立。综上所述，黄河流域五大城市群都面临绿色发展动力不足、生态治理能力不足的共性问题，从这个角度来看，绿色金融在支持黄河流域城市群高质量发展中具有关键性作用，能够为流域经济绿色转型、动能转换、生态转变提供金融支持。

二 绿色金融支持黄河流域五大城市群的主攻方向

黄河流域五大城市群各自发展目标不同、战略定位不同，因此绿色金融支持的重点领域也要因地制宜、因城施策。

（一）绿色金融支持兰西城市群的重点领域

绿色金融支持兰西城市群的主攻方向分为两大层面，一是生态环境共治方面，二是绿色循环产业体系方面。具体而言，在生态治理层面，以改善生态环境质量为核心，以流域综合治理为重点，加强生态保护和环境治理，维护黄河上游地区生态安全。绿色金融应重点支持与生态安全相关的山水林田湖草生态保护和修复工程（环青海湖地区生态保护与环境综合治理工程、青海东部干旱山区生态屏障建设工程、环祁连山地区生态综合治理修复工程、沿黄河地区综合治理工程、甘南高原水源涵养工程、共和盆地生态治理修复工程），与环境共治相关的环境污染综合治理工程（水环境保护与治理工程、大气环境保护与治理工程、土壤环境保护与治理工程、固废危废处置工程、城乡环境综合整治工程）。

在建设绿色循环型产业体系层面，以绿色高效、清洁低碳为目标，加快传统优势产业改造升级，培育壮大绿色新兴产业。绿色金融应重点支持以下领域：一是新兴产业领域，加大对新材料基地、新能源基地、兰白科技创新改革试验区、张江兰白科技创新改革试验区技术转移中心、西宁中关村科技成果产业化基地、青海中关村高新技术产业基地的绿色金融支持力度；二是产业布局和发展平台，重点对产业绿色转移提供金融支持，例如兰白承接产业转移示范区，西宁、海东的产业转移园区。

（二）绿色金融支持呼包鄂榆城市群的重点领域

绿色金融支持呼包鄂榆城市群的重点领域主要集中在产业协同发展、生态环境共建共保两个方面。具体来看，在产业发展层面，绿色金融应重点支持优势产业四大集群：绿色农畜产品生产加工产业集群、高端能源化工产业集群、金属加工和装备制造产业集群、战略性新兴产业集群。另外，支持在装备制造、新材料、电子信息、循环经济等领域构建区域分工协作产业链条。

在生态屏障保护方面，绿色金融应重点支持黄河沿岸生态保护区、沙漠沙地生态保护区、阴山南北麓生态保护区这三大保护区建设，围绕生态建设重点工程持续发力。呼包鄂榆城市群的生态建设重点工程包括：内蒙古十大“孔兑”（指10条汇入黄河的山洪沟）综合治理工程、大青山南坡绿化生态修复工程、清水河县百万亩经济林建设工程、昆都仑河国家湿地公园湿地保护与恢复工程、成吉思汗国家森林公园、定边马莲滩国家级沙漠公园、煤矿采空塌陷区治理工程、病险淤地坝除险加固工程等。

（三）绿色金融支持关中平原城市群的重点领域

对于关中平原城市群而言，绿色金融要聚焦生态修复保护，以“渭河沿岸生态带”为轴线，重点支持9项环境治理工程。所谓渭河沿岸生态带，是指以黄河及渭河、汾河、泾河、丹江等水系为重点，自然保护区、水产种质资源保护区、湿地滩涂等重要生态斑块为补充，构建的绿色生态廊道。九项环境治理工程为：大气污染控制工程，渭河流域综合治理工程，汾河、涑水河、藉河等流域综合治理工程，盐湖生态修复工程，董志塬固沟保塬治理工程，集中式饮用水水源地保护工程，城镇排水与污水处理及黑臭水体治理工程，重金属和土壤风险防控工程，农村污染防治工程。此外，绿色金融还应积极参与“关中城市群一体化发展基金”，重点支持生态联防联治、生物多样性保护、水源涵养和黄河沿岸土石山区治理等。

（四）绿色金融支持中原城市群的重点领域

绿色金融支持中原城市群高质量发展的主攻方向大致有以下三个方面：一是在产业发展方面，加大钢铁、冶金、化工、建材、原材料等传统支柱产业的绿色改造升级和落后过剩产能淘汰力度，打造具有全球竞争力的精品原材料等产业基地。二是在生态保护方面，重点支持“三屏四廊”生态网络：桐柏—大别山生态屏障、伏牛山生态屏障、太行山生态屏障、南水北调中线生态廊道、黄河中下游沿线生态廊道、明清黄河故道生态廊道、沿淮生态经济廊道。三是在支持绿色城市建设方面，加强对节能减排共性关键技术、高效节水技术产品、绿色建筑以及有色金属、煤炭、非金属矿、再生资源等领域循环产业链的金融支持。

（五）绿色金融支持山东半岛城市群的重点领域

绿色金融支持山东半岛城市群发展，需要立足于新旧动能转换试验区、中国（山东）自贸区的战略要求，重点支持节能与新能源汽车、电力装备、现代农机装备、新材料等高端产业，以及节能减排降碳重大科技创新工程，支持智能绿色一体化综合交通运输体系建设。在生态环境方面，绿色金融支持的重点应围绕半岛“绿水青山”体系，在鲁中山区生态绿心、半岛丘陵生态绿心、沿黄生态保护带、京杭运河生态保护带、弥河沂河生态保护带有所侧重；在城市群绿道网络方面，积极支持黄河绿道、山水圣人绿道、济青干线绿道、引黄干渠绿道、沿海绿道五条区域主干绿道。

三　绿色金融支持黄河流域城市群高质量发展的相关建议

目前来看，绿色金融支持黄河流域中心城市和城市群高质量发展最大的短板是绿色金融的理念认识不足，所以五大城市群都应围绕这一共性短板下功夫。

第一，加快推进黄河流域绿色金融改革创新试验区落地。2017年国务院批复成立国家级绿色金融改革创新试验区，主要集中在全国五省八地，但遗憾的是黄河流域的省区无一入选，直到2019年12月兰州新区才获批成为绿色金融改革试验区。这给流域内其他城市群带来一定的借鉴和思考，即地方政府有没有围绕绿色发展深入践行绿色金融？有没有构建具有地方特色的绿色金融主题？有没有以适宜绿色金融发挥的自然生态资源为基础？有没有相对成熟的信用环境作支撑？因此，各大城市群都应尽快立足自身定位，筛选特色城市积极申请绿色金融改革试验区，并以此形成示范带动作用，促进整个城市群绿色高质量发展。

第二，黄河流域城市群的中小银行需要在绿色金融实践方面整体发力。本书对全国各类银行业的绿色金融布局进行了梳理（见表8-4），总体来看，我国各类银行业金融机构绿色金融实践日趋多元化，大型银行、全国性股份制银行都确立了绿色金融的发展定位，一些中小区域性商业银行已逐渐成为助力地方经济绿色转型的中坚力量。但非常遗憾的是，整个黄河流域都没有绿色金融标杆型的中小银行，反观长江经济带，绿色金融实践效果显著：江苏银行启动赤道原则项目管理，入选中英绿色金融合作组、央行绿色金融

表8-4　　各类银行绿色金融发展定位

银行类型	机构名称	绿色金融战略布局及定位
国有大型银行	国家开发银行	我国最大的绿色信贷投放机构，发行准主权国家绿色债券与专项主题绿色主题债券
	中国工商银行	建设国际领先绿色银行，开展环境压力测试，签署联合国《负责任银行原则》
	中国建设银行	目标定位低碳环保银行
	中国农业银行	目标定位绿色金融领军银行
全国性股份制商业银行	兴业银行	全国首家赤道银行，目标“绿色金融集团”，签署联合国《负责任银行原则》
	浦发银行	低碳银行，“绿创未来”
	华夏银行	绿助成长，美丽华夏，与世界银行合作国际转贷签署《负责任银行原则》
中小区域性商业银行	江苏银行	建立绿色金融体系，我国首家采纳赤道原则的城商行
	北京银行	专注中小企业绿色发展，发行300亿元绿色金融债
	南京银行	发展绿色金融债，开展国际转贷
	湖州银行	我国第三家赤道银行，为地方中小银行采纳赤道原则提供借鉴
	九江银行	建立绿色信贷三年规划，发行绿色金融债
	安吉农商行	建立绿色普惠金融标准化体系，打造绿色普惠机构
	马鞍山农商行	与国际金融公司实施绿色商业银行框架与目标
	苏州农商行	建立绿色金融三年战略规划，确立绿色金融目标

资料来源：根据各行公开资料、兴业研究资料整理。

标准工作组；南京银行2018年为539家环保类企业和绿色项目融资178.87亿元；湖州银行是联合国可持续银行倡议机构成员、中国第三家赤道银行；九江银行是香港绿色金融协会第一家城商行会员；安吉农商行在全国地方性小法人机构中成立第一家绿色金融事业部；马鞍山农商银行与国际金融公司（IFC）合作开展绿色商业银行框架，定位于总绿色信贷占比达60%、绿色金融产品占比达70%、员工专业绿色认证占比达80%、全行100%实现“碳中和”及银行自有建筑100%获得绿色认证的绿色商业银行。由此可见，黄河流域五大城市群除需要积极对接大型商业银行之外，还需要练好内功，不断丰富绿色金融产品，加快培育良好的地方中小银行绿色金融生态。

第三，探索“绿色金融+高端智库”为黄河流域五大城市群之间的互动打前站。推进黄河流域高质量发展，必须坚持系统性思维，坚持“一盘棋”思想整体推进，所以不仅要注重各个城市群的内部发展，还应加强不同城市群之间的有机互动。但就现阶段黄河流域五大城市群的发展现状来看，均处于起步期，在区域合作机制还不健全的前提下，需要先从高端智库的合作入手，以绿色金融为主线，下好黄河流域城市群互动的“先手棋”。建议由各省社科院系统为主导，联合知名高校、地方金融机构组建各区域的绿色金融研究院，并定期开展合作交流活动，逐渐提升黄河流域各城市群在全国范围内的影响力。绿色金融研究院在运行相对成熟后，由智库机构向服务机构转变，打造集绿色金融人才培养、咨询服务、绿色金融创新孵化为一体的专业机构，将“智力”转化为“财力”，支持黄河流域高质量发展。

第九章 总结与展望

2005年习近平总书记首次提出“两山理论”，将生态环境治理上升到了新的高度。步入新时代，习近平总书记久久为功，将“绿水青山就是金山银山”的理念布局中国大地，党的十八大勾勒出“美丽中国”宏伟蓝图，2015年将“绿色发展”列为我国长期坚持的五大发展理念，党的十九大又将污染防治列为三大攻坚战之一。我国经济社会发展理念、生态环境面貌随着“两山理论”的践行也发生了根本性变化，这为绿色金融提供了重要历史机遇。

党的十八大以来，以习近平同志为核心的党中央统筹内外、着眼全局，提出新时代区域协调发展战略，实施“一带一路”建设、京津冀协同发展、长江经济带、粤港澳大湾区、长三角一体化、黄河流域生态保护和高质量发展等国家重大战略，逐步形成了东西南北纵横联动发展的全新格局，这为金融服务实体、支持国家战略提供了前所未有的重要机遇。

本书聚焦绿色金融与国家重大区域战略绿色发展，重在分析金融机构如何通过绿色金融支持国家重大战略，例如提出了“一带一路”建设的绿色金融国际合作、绿色金融支持京津冀产业升级、绿色金融支持长江经济带产业转移、黄河流域绿色金融对接生态保护，等等。其中，黄河流域生态保护和高质量发展战略作为最新国家战略，未来在环境治理、农业发展、文化旅游、生态建设、水资源配置、工业发展等方面都值得进一步深入研究。除此之外，还有一些国家重大发展战略没有提及，例如绿色金融如何服务海南自贸港、东北地区全面振兴、西部大开发新格局等。

总体而言，全书的创新之处有以下三个方面：第一，特色金融有诸多形式，本书只关注“绿色金融”；第二，国家重大区域战略是一项纷繁复杂的系统工程，本书只关注金融领域的重要施力方向；第三，本书所提出的建议都依据官方发布的战略规划，实操性大于理论性，更加注重金融工作的精准对接。

参考文献

卞勇、匡耀求、曾雪兰、徐伟嘉：《新常态下广东绿色发展特征和区域差异研究》，《科技管理研究》2019 年第 21 期。

曹东、赵学涛、杨威杉：《中国绿色经济发展和机制政策创新研究》，《中国人口·资源与环境》2012 年第 5 期。

陈福中、蒋国海：《金融协同对区域产业布局的影响研究——兼论京津冀与长江经济带产业布局的金融协同效应》，《兰州学刊》2020 年第 1 期。

陈柳钦：《金融支持低碳经济发展问题探讨》，《当代经济研究》2013 年第 2 期。

陈科：《绿色信贷市场中的主体行为选择——基于三方博弈均衡视角》，《上海金融》2019 年第 11 期。

陈诗一：《中国的绿色工业革命：基于环境全要素生产率视角的解释（1980—2008）》，《经济研究》2010 年第 11 期。

陈耀、陈梓、侯小菲：《京津冀一体化背景下的产业格局重塑》，《天津师范大学学报》（社会科学版）2014 年第 6 期。

陈跃、王文涛、范英：《区域低碳经济发展评价研究综述》，《中国人口·资源与环境》2013 年第 4 期。

程必定：《以全面智能化推进长江经济带协调发展》，《西部论坛》2020 年第 1 期。

邓翔：《绿色金融研究述评》，《中南财经政法大学学报》2012 年第 6 期。

邓伟根、潘捷、张守哲：《区域金融视角下城市金融竞争力与辐射力研究——以大珠江三角洲地区为例》，《金融经济学研究》2014 年第 4 期。

董捷：《我国绿色金融发展的现状、问题和对策》，《工业技术经济》2013 年第 3 期。

杜莉、郑立纯：《我国绿色金融政策体系的效应评价——基于试点运行数据的分析》，《清华大学学报》2019 年第 1 期。

封思贤、李政军、谢静远：《经济增长方式转变中的金融支持——来自长三角的实证分析》，《中国软科学》2011 年第 5 期。

高红贵：《中国绿色经济发展中的诸方博弈研究》，《中国人口·资源与环境》2012 年第 4 期。

葛鹏飞、黄秀路、徐璋勇：《金融发展、创新异质性与绿色全要素生产率提升——来自“一带一路”的经验证据》，《财经科学》2018 年第 1 期。

郭滕达、赵淑芳：《绿色技术银行：来自中国的探索》，《中国人口·资源与环境》2019 年第 12 期。

范剑勇、谢强强：《地区间产业分布的本地市场效应及其对区域协调发展的启示》，《经济研究》2010 年第 4 期。

范剑勇、张雁：《经济地理与地区间工资差异》，《经济研究》2009 年第 8 期。

傅巧灵、赵睿、杨泽云：《京津冀地区普惠金融发展水平测度与比较研究——基于 13 个城市的测算》，《经济纵横》2019 年第 4 期。

何丹、燕鑫：《金融支持科技创新效率实证分析》，《统计与决策》2017 年第 10 期。

黄庆华、周志波、刘晗：《长江经济带产业结构演变及政策取向》，《经济理论与经济管理》2014 年第 6 期。

胡鞍钢、周绍杰：《绿色发展：功能界定、机制分析与发展战略》，《中国人口·资源与环境》2014 年第 1 期。

胡冰、王晓芳：《对“一带一路”国家对外投资支点选择：基于金融生态环境视角》,《世界经济研究》2019 年第 7 期。
胡晓珍、杨龙:《中国区域绿色全要素生产率增长差异及收敛分析》,《财经研究》2011 年第 4 期。
胡岳岷、刘甲库:《绿色发展转型:文献检视与理论辨析》,《当代经济研究》2013 年第 6 期。
胡志强、苗长虹:《中国省域五大系统的协调发展评价》,《统计与决策》2019 年第 1 期。
蒋志刚:《"一带一路"建设中的金融支持主导作用》,《国际经济合作》2014 年第 9 期。
金乐琴:《高质量绿色发展的新理念与实现路径——兼论改革开放 40 年绿色发展历程》,《河北经贸大学学报》2018 年第 6 期。
李忠:《促进我国绿色经济发展的对策建议》,《宏观经济管理》2012 年第 6 期。
李晓西:《绿色金融盈利性与公益性关系分析》,《金融论坛》2017 年第 5 期。
李晓西、夏光、蔡宁:《绿色金融与可持续发展》,《金融论坛》2015 年第 10 期。
李子联、王爱民:《江苏高质量发展:测度评价与推进路径》,《江苏社会科学》2019 年第 1 期。
刘程军、周建平、蒋建华、王周元晔:《区域创新与区域金融耦合协调的格局及其驱动力——基于长江经济带的实证》,《经济地理》2019 年第 10 期。
刘霜、李敬:《区域协调发展新征程、新战略、新机制——"2019 年中国区域经济学会年会"综述》,《西部论坛》2019 年第 6 期。
刘志东、高洪玮:《东道国金融发展、空间溢出效应与我国对外直接投资——基于"一带一路"沿线国家金融生态的研究》,《国际金融研究》2019 年第 8 期。
刘钻扩、辛丽:《"一带一路"建设对沿线中国重点省域绿色全要素生产率的影响》,《中国人口·资源与环境》2018 年第 12 期。

陆旸：《中国的绿色政策与就业：存在双重红利吗?》，《经济研究》2011 年第 7 期。

马莉：《以绿色金融推动绿色发展》，《人民论坛》2019 年第 24 期。

马慧敏、丁阳、杨青：《区域生态—经济—社会协调发展评价模型及应用》，《统计与决策》2019 年第 21 期。

马骏：《论构建中国绿色金融体系》，《金融论坛》2015 年第 5 期。

麦均洪、徐枫：《基于联合分析的我国绿色金融影响因素研究》，《宏观经济研究》2015 年第 5 期。

梅应丹、高立：《中国银行业与中国的碳金融发展》，《中国人口·资源与环境》2011 年第 S1 期。

毛艳华：《粤港澳大湾区协调发展的体制机制创新研究》，《南方经济》2018 年第 12 期。

孟科学、严清华：《绿色金融与企业生态创新投入结构优化》，《科学学研究》2017 年第 12 期。

潘捷、张守哲：《改革开放以来粤港澳金融合作方式：回顾与展望》，《国际经贸探索》2014 年第 9 期。

庞瑞芝、李鹏：《中国新型工业化增长绩效的区域差异及动态演进》，《经济研究》2011 年第 11 期。

戚晓旭、何皛彦、冯军宁：《京津冀协同发展指标体系及相关建议》，《宏观经济管理》2017 年第 9 期。

钱争鸣、刘晓晨：《中国绿色经济效率的区域差异与影响因素分析》，《中国人口·资源与环境》2013 年第 7 期。

乔海曙、谭烨、刘小丽：《中国碳金融理论研究的最新进展》，《金融论坛》2011 年第 2 期。

任力、朱东波：《中国金融发展是绿色的吗——兼论中国环境库兹涅茨曲线假说》，《经济学动态》2017 年第 11 期。

盛小娇、杨肃昌：《我国碳金融发展存在的问题及对策》，《经济纵横》2011 年第 11 期。

斯丽娟、张利敏：《金融集聚外部性对经济增长的影响——基于省会城市面板数据的实证分析》，《经济经纬》2019年第3期。
苏冬蔚、连莉莉：《绿色信贷是否影响重污染企业的投融资行为?》，《金融研究》2018年第12期。
苏铭：《长江经济带能源协同发展研究》，《宏观经济管理》2019年第12期。
孙久文、原倩：《我国区域政策的“泛化”、困境摆脱及其新方位找寻》，《改革》2014年第4期。
孙久文、原倩：《京津冀协同发展战略的比较和演进重点》，《经济社会体制比较》2014年第5期。
孙彦明：《京津冀产业协同发展的路径及对策》，《宏观经济管理》2017年第9期。
覃成林：《区域协调发展机制体系研究》，《经济学家》2011年第4期。
覃成林、郑云峰、张华：《我国区域经济协调发展的趋势及特征分析》，《经济地理》2013年第1期。
谭政、王学义：《绿色全要素生产率省际空间学习效应实证》，《中国人口·资源与环境》2016年第10期。
田智宇、杨宏伟：《完善绿色财税金融政策的建议》，《宏观经济管理》2013年第10期。
万伦来、朱琴：《R&D投入对工业绿色全要素生产率增长的影响——来自中国工业1999~2010年的经验数据》，《经济学动态》2013年第9期。
王兵、吴延瑞、颜鹏飞：《中国区域环境效率与环境全要素生产率增长》，《经济研究》2010年第5期。
汪发元、郑军：《科技创新、金融发展与实体经济增长——基于长江经济带的动态空间模型分析》，《经济经纬》2019年第4期。
汪发元、郑军、周中林、裴潇、叶云：《科技创新、金融发展对区域出口贸易技术水平的影响——基于长江经济带2001—2016年数据的时空模型》，《科技进步与对策》2018年第18期。

王凤荣、王康仕：《绿色金融的内涵演进、发展模式与推进路径——基于绿色转型视角》，《理论学刊》2018 年第 3 期。

王洪凯：《“一带一路”绿色金融法律机制构建研究》，《当代金融研究》2019 年第 4 期。

王曼怡、马妍娇：《低碳经济背景下我国碳金融发展策略探讨》，《国际经济合作》2014 年第 4 期。

王康仕、孙旭然、王凤荣：《绿色金融、融资约束与污染企业投资》，《当代经济管理》2019 年第 12 期。

王韧：《绿色金融、技术创新与绿色政策——基于耦合模型与灰色关联模型的实证分析》，《金融理论探索》2019 年第 6 期。

汪桥红：《区域金融中心的极化与扩散效应：京津冀和长三角的比较分析》，《统计与决策》2013 年第 21 期。

王彤宇：《推动绿色金融机制创新的思考》，《宏观经济管理》2014 年第 1 期。

王龑、史永东：《科技金融反哺银行业的异质性研究——来自区域性银行的经验证据》，《科学学研究》2017 年第 12 期。

王元龙、马昀、王思程、刘宇婷、叶敏：《中国绿色金融体系：构建与发展战略》，《财贸经济》2011 年第 10 期。

王小鲁、樊纲、刘鹏：《中国经济增长方式转换和增长可持续性》，《经济研究》2009 年第 1 期。

汪宗顺、郑军、汪发元：《产业结构、金融规模与经济高质量发展——基于长江经济带 11 省市的实证》，《统计与决策》2019 年第 19 期。

翁智雄、葛察忠、段显明、龙凤：《国内外绿色金融产品对比研究》，《中国人口·资源与环境》2015 年第 6 期。

武宵旭、葛鹏飞：《城市化对绿色全要素生产率影响的金融发展传导效应——以“一带一路”国家为例》，《贵州财经大学学报》2019 年第 1 期。

许爱萍：《京津冀科技创新协同发展背景下的科技金融支持研究》，

《当代经济管理》2015 年第 9 期。

徐枫、陈昭豪：《金融支持新能源产业发展的实证研究》，《宏观经济研究》2013 年第 8 期。

薛飞、葛鹏飞：《中国对外直接投资对“一带一路”沿线国家绿色全要素生产率的影响》，《上海财经大学学报》2019 年第 6 期。

闫一石：《金融机构如何助力“一带一路”建设》，《人民论坛》2017 年第 31 期。

颜银根：《转移支付、产业跨区转移与区域协调发展》，《财经研究》2014 年第 9 期。

杨明洪、黄平：《2018 年中国区域经济研究：协调、开放》，《中国图书评论》2019 年第 1 期。

杨恺钧、闵崇智：《技术创新对经济增长质量的驱动作用研究——以粤港澳大湾区为例》，《当代经济管理》2019 年第 12 期。

杨涛：《促进我国区域协调发展的金融政策研究》，《上海金融》2010 年第 12 期。

杨伟中：《中国三大城市群城市经济引力测度及对京津冀协同发展的启示》，《金融论坛》2019 年第 4 期。

原庆丹：《成果发布：中国银行业绿色度评估》，《环境保护》2012 年第 19 期。

詹小颖：《绿色债券发展的国际经验及我国的对策》，《经济纵横》2016 年第 8 期。

张本照、刘吉鹏、陈剑锐：《绿色管理与我国金融业发展》，《经济体制改革》2003 年第 5 期。

张承惠、谢孟哲、田辉、王刚：《发展中国绿色金融的逻辑与框架》，《金融论坛》2016 年第 2 期。

张帆：《金融发展影响绿色全要素生产率的理论和实证研究》，《中国软科学》2017 年第 9 期。

张颢瀚：《绿色发展国际背景下的江苏低碳之路》，《世界经济与政治论坛》2013 年第 6 期。

张少军、刘志彪:《产业升级与区域协调发展:从全球价值链走向国内价值链》,《经济管理》2013 年第 8 期。

张玉喜、张倩:《区域科技金融生态系统的动态综合评价》,《科学学研究》2018 年第 11 期。

张云:《生态共治共享推动首都“两区”及河北北翼绿色发展——2019 京津冀协同发展参事研讨会综述》,《经济与管理》2019 年第 6 期。

郑志丹:《京津冀协同发展背景下金融聚集的溢出效应——基于长三角、珠三角空间面板的对比分析》,《经济管理》2016 年第 3 期。

钟韵、胡晓华:《粤港澳大湾区的构建与制度创新:理论基础与实施机制》,《经济学家》2017 年第 12 期。

周月秋、殷红等:《商业银行构建绿色金融战略体系研究》,《金融论坛》2017 年第 1 期。

周正柱:《长江经济带人口、经济、社会及空间城镇化耦合协调发展研究》,《统计与决策》2019 年第 20 期。

Alex Ng, DiZheng, “Let's Agree to Disagree! On Payoffs and Green Tastes in Green Energy Investments”, *Energy Economics*, No. 69, 2018.

Almdia, H., Wolfenzon, D., “The Effect of External Finance on the Equilibrium Allocatin of Capital”, *Journal of Financial and Economics*, No. 75 (1), 2015.

Bing Zhang, YanYang, JunBi., “Tracking the Implementation of Green Credit Policy in China: Top-down Perspective and Bottom-up Reform”, *Journal of Environmental Management*, No. 4, 2010.

Butler, A. W., Cornaggia, J., “Does Access to External Finance Improve Productivity? Evidence from a Natural Experiment”, *Journal of Financial Economics*, No. 99 (1), 2011.

Campello, M., Gao, J., Qiu J., “Bankruptcy and The Cost of Organized Labor: evidence from Union Elections”, NBER Working Papers, Vol. 31, No. 3, 2017.

Campello, M., J. R. Graham, "Do Stock Prices Influence Corporate Decisions? Evidence from the Technology Bubble", *Journal of Financial Economics*, Vol. 107, No. 1, 2013.

Chen, Z., Ge, Y., Lai, H., "Foreign Direct Investment and Wage in Equality: Evidence from China", *World Development*, Vol. 39, No. 8, 2011.

Child, J., Rodrigues, B., "A Case for Theoretical Extension Management and Organization Review", The internationalization of Chinese Firms, No. 1 (3), 2016.

Duan, J., Niu, M., "The Paradox of Green Credit in China", *Energy Procedia*, 2011.

Irene, M., Marco, R., "The EIRIN Flow - of - funds Behavioural Model of Green Fiscal Policies and Green Sovereign Bonds", *Ecological Economics*, No. 144, 2018.

Li, B., Wu, S., "Effects of Local and Civil Environmental Regulation on Green Total Factor Productivity in China: A Spatial Durbin Econometric Analysis", *Journal of Cleaner Production*, Vol. 153, No. 1, 2017.

Li, Y., Vertinsky, I. B., Li, J., "National Distances, International Experience and Venture Capital Investment Performance", *Journal of Business Venturing*, Vol. 29, No. 4, 2014.

Lüthi, S. and Prässler, T., "Analyzing Policy Support Instruments and Regulatory Risk Factors for Wind Energy Deployment: A Developers' Perspective.", *Energy Policy*, Vol. 39, No. 9, 2011.

Manish, G. P., "Market Reforms in India and the Quality of Economic Growth", *Social Science Electronic Publishing*, Vol. 18, No. 2, 2016.

Maskus, K., R. Neumann and Seidel T. "How National and International Financial Development Affect Industrial R&D", *European Economic Review*, No. 56 (1), 2018.

Marek, H. , Marion, A. , "Green Microfinance: Characteristics of Microfinance Institutions Involved in Environmental Management", *Journal of Business Ethics*, No. 3, 2015.

Nahla, S. , Jan, F. , Sugata G. , "Is the Relationship Between Financial Development and Economic Growth Monotonic? Evidence from A Sample of Middle – Income Countries", *World Development*, No. 68 (4), 2015.

Ren, W. , Ji J. , Chen, L. , "Evaluation of China's Marine Economic Efficiency under Environmental Constraints: An Empirical Analysis of China's Eleven Coastal Regions", *Journal of Cleaner Production*, Vol. 184, No. 1, 2018.

Saglam, B. B. , Sayek, S. , "MNEs and Wages: The Role of Productivity Spillovers and Imperfect Labor Markets", *Economic Modelling*, Vol. 28, No. 6, 2011.

Schwab, K. , "The Green Investment Report: The Ways and Means to Unlock Private Finance for Green Growth", *World Economic Forum*, 2013.

Singh, D. , Khamba, J. S. , Nanda, T. "Role of Technological Innovation in Improving Manufacturing Performance: A Review", *International Scholarly and Scientific Research & Innovation*, Vol. 9, No. 1, 2015.

Sovacool, B. K. , "The Policy Challenges of Tradable Credits: A Critical Review of Eight Markets", *Energy Policy*, Vol. 39, No. 2, 2011.

Tang, A. , Chiara, N. and Taylor, J. E. , "Financing Renewable Energy Infrastructure: Formulation, Pricing and Impact of a Carbon Revenue Bond", *Energy Policy*, Vol. 45, No. 6, 2012.

Wright, C. , "Global Banks, the Environment, and Human Rights: The Impact of the Equator Principles on Lending Policies and practices", *Global Environmental Politics*, Vol. 12, No. 1, 2012.

后　记

本书最早开始动笔是在 2019 年 7 月，当时国家重大区域战略只有四个，随着写作的深入，长三角一体化发展战略规划正式发布，黄河流域生态保护和高质量发展正式成为第五个国家重大战略，这大大丰富了本书内容，也使这本书更加具有时代感与前瞻性。同时，绿色金融属于金融业态中比较前沿的内容，与实体经济联系紧密，是绿色发展背景下的时代产物，我来山东社会科学院工作后，参与研究的很多项目都与绿色金融有关，近两年自己主持的课题、发表的论文也基本都围绕绿色金融展开，所以在撰写本书时有大量的日常积累可以利用，使写作过程充满了快乐。

在动笔之前，有一个问题困扰着我，国家重大战略作为事关全局的系统工程，涉及范围很广，有些领域并不涉及金融支持范畴，而有些领域虽然属于金融支持的范畴，但并不意味着是绿色金融支持的范畴。所以要先搞清楚“一带一路”建设、京津冀协同发展、长江经济带、粤港澳大湾区、长三角一体化、黄河流域生态保护和高质量发展等这些国家战略中究竟哪些领域是绿色金融对口支持的，抓住这个问题就把握住了绿色金融支持国家重大区域战略的施力方向。

结合日常的研究积累和相关发展规划，我初步确立了这些国家重大区域战略中与绿色金融相契合的“结点”，例如“一带一路”的绿色金融国际合作、长江经济带产业绿色转移等。由点到面，再深入研究绿色金融支持相关国家重大区域战略的具体路径。当时我还主持一项省级课题“我国绿色金融指数发展格局及空间异质性研究”，通过这个课题掌握了我国大部分省份的绿色金融基础数据，对于全书写作是很有帮助的。

在写作过程中，我跟随山东社会科学院相关课题组的领导、专家进行了大量专题调研，实地考察了五大国家战略覆盖的大部分省市，获取了翔实的一手资料，虽然调研艰辛，但收获巨大。在此要感谢调研过程中给予无私帮助的相关省市社科院同仁，相关省直部门、金融机构、高等院校的领导和专家。感谢与我一起外出调研并经常为我解疑释惑的山东社会科学院领导和同事，他们是山东社会科学院院长张述存、副院长袁红英、财政金融研究所所长张文、经济所所长周德禄、马研中心主任冯锋、财政金融研究所副研究员张念明、经济研究所副研究员程臻宇、国际经济研究所副研究员刘晓宁、文化研究所副研究员徐建勇、政策研究室副研究员彭宗峰、马研中心博士关娜、法学研究所博士白利寅、财政金融研究所博士高阳。

当然，这份书稿的完成离不开我的爱人李晓，作为山东财经大学的一名教师，她给了我莫大的支持，这份支持既有著作本身学术层面的鼎力帮助，也有生活中家庭方面的细心关怀，所以我这部专著的顺利完成有一半功劳都属于我爱人李晓。有人说，“完成一部著作，就像孕育一个生命”，巧合的是，在写书期间我爱人也在孕育我们的宝宝，这给了我无穷的动力，我尽最大努力在照顾好爱人的同时完成我的科研任务。

在写作后期，正值党的十九届四中全会召开，我们山东社会科学院承担了一系列研究任务，白天工作非常忙碌，书稿写作只能在晚上进行，那段时间每天我的书稿 word 文档保存时间都在凌晨 1 点左右。为了如期完成书稿写作，我给自己定了个计划，不管多忙，每天要保证 2000 字的写作。比较满意的是，执行力还不错，坚持了下来，即使在除夕夜也没有间断。整个撰写过程我有两点感悟，希望能够与年轻的博士研究生、硕士研究生分享：第一，找准自己擅长的、感兴趣的点，持之以恒、长期关注，自然会把握住这个领域的前沿，抓取最新、最权威的知识；第二，凡事要学会讲究平衡，平衡处理自己身边的事情，注意主次分明，做到轻重缓急、按部就班。

书稿完成时，已到了农历鼠年，我们的禾禾宝宝也快出生了，我想将这本书献给孩子，因为孩子是希望。

王韧

2020 年 1 月 27 日于泉城济南